大展好書　好書大展

品嘗好書　冠群可期

唐豪文叢2

王宗岳太極拳經
王宗岳陰符槍譜
戚繼光拳經

唐豪　著

大展出版社有限公司

前言

本工作室收集到一份一九五九年一月二十六日出版的《體育報》（今《中國體育報》），上面刊登了唐豪先生逝世的消息，全文如下：

本報訊　國家體委運動技術委員會委員唐豪同志，在一九五九年一月二十日因患支氣管炎哮喘呼吸衰竭不幸逝世。享年六十三歲。

一月二十三日上午十時，國家體委在嘉興寺舉行了公祭。會上由國家體委副主任黃中同志代表機關全體同志獻花圈，運動技術委員會副主任王任山同志介紹了唐豪同志的生前事蹟。參加公祭的有唐豪同志的生前親友和國家體委機關的一百多人。公祭後已移靈八寶山安葬。

唐豪同志曾多年從事司法及教育工作。一九一九年參加上海救國十人團積極宣傳抗日；一九二七年受國民黨迫害逃往日本留學，回國後仍積極參加愛國活動。一九三二年在上海法政大學，在黨的領導下從事學生運動；五卅慘案大遊行被推選爲法律委員會副委員長。並曾爲「七君子」史良等同志在法庭進行法律辯護，與國民黨反共法律作了多年政治鬥爭。解放後歷任上海市公安局法律顧問，華東檢察署調研室主任，華東行政委員會政法委員會委員，和中華人民共和國體育運動委員會委員等職，並於一九五四年當選爲上海市人民代表。

從這份報導對唐豪先生四十年人生經歷的追述上，人們看不出這位「國家體委運動委員會委員」同「體育運動技術」（更不要說「武術」了）之間，存在哪怕一絲一毫的聯繫，這眞是令人費解！一代學人傾心從事的學術和他學術生涯的華彩樂章，竟被上述三九三字由權威部門發

布的報導蓋棺論定，抹殺殆盡。聯想到一九四九年之後，唐豪先生早年著作大都未曾再版（吳文翰先生語）這個不爭的事實，人們有理由認為，這不僅是一個學者個人的悲哀，更是一個學科整體的悲哀。

然而，唐豪先生其人其事，是不可能被如此抹殺掉的。在這個問題上，中國武術學會委員、暨南大學教授馬明達先生有著客觀且精到的評論，馬教授說：

「我們一直爲當代武術界出現過唐豪（字范生，號棣華）先生這樣的武術家而感到慶幸，感到榮耀。他是傑出的律師，是學養宏深的文史專家，是一位富有正義感的社會活動家；同時，又是武術家，是武術史和民族體育史學科的奠基人。唐豪先生是迄今唯一一位對武術文獻和民族體育文獻做過系統料理的學者。早在半個世紀以前，唐豪先生發表的《中國武藝圖籍考》及其《補篇》，還有新中國成立後發表的《中國民

族體育圖籍考》和許多論文專著，是二十世紀武術史和民族體育的畫時代的著作，也是武術目錄學和文獻學的創軔奠基之作。由於多方面的原因，他的著作也不免有這樣那樣的疏失，這其實很正常，我們既不必爲賢者諱，也不必橫加指議，重要的是深入認識他的開拓精神和學術成就，學習他實事求是的治學態度和卓越的武術識見，把他所汲汲開創的武術學業繼承下來，並不斷加以恢宏發揚。對武術和民族體育史來說，這是科研工作的基礎，也具有重要的現實指導意義。」

「遺憾的是，唐先生所開創的武術文獻學和目錄學，在唐先生以後竟成了一門『絕學』，不但後無來者，而且連他的著作也差不多成了無人問津的塵封之物，更不要說整理出版了。這是一個耐人深思的現象。深入地探索這一現象的成因，對研究當代武術爲什麼不斷萎縮衰變而無所適從的原因，對分析武術理論不斷淺薄化的原因，肯定大有幫助。」

（馬明達《說劍叢稿》）

本工作室同仁，深以馬教授之言為然，這也是本套《唐豪文叢》之所以會編輯和出版的大背景與初衷。

唐先生的離去，至今已經快五十年了，武術史學界無論是讚成還是反對他的人，大概誰都不能無視唐豪先生的存在，潑髒水也好，唱讚歌也罷，他都是「我國現代武術史上一位繞不過去的人物」（顧元莊先生語），為學而能如此，當復何憾！

從上文《體育報》近五十年前的報導中，我們知道唐先生被「移靈八寶山安葬」。光陰荏苒，世事變遷，唐先生的墓葬是否安然不得而知，而此套叢書，就權作我們心底為唐先生再樹的一塊墓碑罷。

本書出版尚有若干事宜需同唐氏後人接洽，唐先生身後蕭條，本工作室曾多次托人尋找先生的後人唐世敏女士未果。現書數語，留此存

照，以為日後聯繫之憑證也。

本書編輯出版得金仁霖、林子清、吳文翰、顧元莊諸位先生大力協助，謹此致謝。

瀚海工作室

序

略知太極拳史和武術史的人士，對唐豪先生必不陌生。

唐豪（一八九七—一九五九），字范生，號棣華，江蘇省吳縣人。幼年家貧，十餘歲時即失學到上海謀生，得從山東省德州名拳師劉震南先生學習六合拳。後任上海尚公小學校長，即將武術列為教學內容。在去日本學習政法期間兼習柔道與劈刺。

回國後，應中央國術館館長張之江先生的邀請任編審處處長。在此期間曾多次赴湖北省武當山、河南省少林寺、溫縣陳家溝等地考察，著文闡明少林拳始於達摩，太極拳源於張三丰都是後人附會之說，在武術

界及太極拳界影響很大。

一九四九年新中國成立後，唐先生曾任華東政法委員會委員。一九五五年調國家體委任顧問，專心研究中國武術史和體育史，主編《中國體育史參考資料》，計八輯。一九五九年因病逝世。

唐豪先生是我國武術史學科、太極拳史學科先驅者，二十世紀三十年代他在中央國術館任職時，就大力提倡研究武術要科學化，主張發展質樸實用的傳統武術，反對花拳繡腿式的虛假套路。

他在《武藝叢書・自序》中聲稱：「武術界中……以口頭或著作廣傳其荒誕的、邪魔的、神秘的謬論，毒害了中國一部分人的思想與行動。」為了反對這些不良傾向，他自一九三〇年即投入中國武術史的研究之中，先後選成《手臂餘談》、《太極拳與內家拳》、《少林武當考》、《內家拳的研究》、《戚繼光拳經》、《廉讓堂太極拳譜考

釋》、《中國武藝圖籍考》等專著或論文。由於作者治學態度嚴謹，知識淵博，對中國武術史的研究取得了豐厚成就。

遺憾的是一九四九年之後，唐豪先生早年著作大都未曾再版，致使讀者有望洋興嘆之感。所幸近年山西科技出版社為了「裨益當世和後學，使我中華優秀傳統文化承傳不息」，不遺餘力地搜求、整理出版歷史上遺留下來的武術典籍，取得了可喜的成績，深受眾多讀者的讚許和歡迎。繼客歲太極拳史論家「徐震文叢」出版後，今年，又將唐豪遺作分編出版。

因為唐豪遺作比較分散，不易收集，承蒙上海金仁霖、李子清、顧元莊諸位先生大力協助，將珍藏多年的唐氏遺作獻出，共襄盛舉，「唐豪文叢」才得問世，既為武術愛好者提供了研究資料，也使唐氏遺作不致因時光遷移而湮沒。

這套叢書不是按原作面世先後順序編排，而是按內容分類，方便讀者購閱。其要目如下：

《王宗岳太極拳經》、《王宗岳陰符槍譜》、《戚繼光拳經》、《太極拳與內家拳》、《內家拳》、《少林武當考》、《少林拳術秘訣考證》、《中國武藝圖籍考》、《清代射藝叢書》、《王五公太極連環刀法》、《中國古佚劍法》、《行健齋隨筆》、《唐豪太極少林考》。

《唐豪太極少林考》中的《角觝》、《角抵半解》、《太刀》、《王寅》、《舊體育史上附會的達摩》等文，為上海林子清先生提供。林先生早年曾隨徐震先生學習武派太極拳。在他的大力協助下，山西科技出版社於二〇〇六年出版了「徐震文叢」。林先生與唐豪先生也是舊識，這次為贊助「唐豪文叢」的出版，提供了上述佚文。

太極少林考中，《中國醫療體育概況》為唐氏生前好友顧留馨先生

的哲嗣顧元莊先生提供。

繼「徐震文叢」出版之後，「唐豪文叢」也得以面世，有益於中國武術史和太極拳史的研究，這是毫無疑問的。但是由於受時代影響及掌握資料不同，唐豪先生早年提出的太極拳源於河南溫縣陳家溝陳王廷之說，當時就受到其他研究者的質疑，迄今仍有不少人士認為唐氏此說過於武斷。仁者見仁，智者見智，學術界對太極拳的起源有不同看法是可以理解的。但唐豪先生重視實地考察，認眞收集史料予以研究的樸實學風，是值得我們學習和借鑒的。

吳文翰　於北京燕居齋

王宗岳太極拳經

王宗岳陰符鎗譜

唐豪編

武藝叢書第一輯之四

於「武藝叢書」的感言

「清算整理」，一切理論全需要「清算」，全需要「整理」的，目前，「武藝」這一部門當然也沒有例外。「武藝叢書」的產出，就是企圖負起這點任務。

把荒誕的、邪魔的、神秘的種種關於武藝的謬說，或者竟利用這謬說作煙幕，掩護自己「安身立命」企圖者們的狂言，作一度「清算」；同時還要把前代遺留下來「武藝」上的東西——合理的使它存在，不合理的要無憐惜地剔除出來，揚棄了它——作一度新的整理和估價。更要指明的是：所謂「武藝」本身在人類歷史進展上，目前以至將來的社

會，它應該佔著怎樣的位置和價值？這樣明瞭了以後，我們才能得到一個正確的，帶有科學性的實踐標準，才不至於盲目地努力，從實踐中可以更接近地證明了所謂「武藝」的價值在哪裏。

這工作是必要的！不是嗎？

《少林武當考》、《太極拳與內家拳》，這也是本叢書編著者，兩部關於「武藝」考證的著作，順便提在這裏的，就是從這兩部書裏，我們已經看得出作者過去對於「武藝」著述是怎樣的忠實，起始用了作武藝書者不會用過的方法，開了一條新路，來闡明了一切。雖然當時曾受了一些庸俗的「把勢匠」和「老古董」之流的不滿，但這又成功了什麼呢？他們除開信口說些侮蔑詆毀的亂言以外，公開論戰的文字卻沒見他們產出一篇，無疑這是「清算」引起了他們護短的羞憤而已。

我是同意范生君這工作，凡進步而有志於「武藝」研求的，如果不

甘心在一些暗昧欺騙的牛角裏摸索的同志們，一定也該同意的！「武藝叢書」刊行起始，寫了這點文字，就算作它的「發軔禮」。

一九三五年九月九日　劉蔚天記

本來打算做篇自序，說明刊行武藝叢書的意旨，如今劉兄蔚天，在他送吾的禮物中，替吾把「清算」、「整理」兩大目的，舉了出來，那麼，吾何必再說累贅話呢？

過去，吾之研究武藝，在購求圖書方面，所費的代價甚鉅，所得的材料甚微，因之，發願要印一部「武藝叢書」，以便同好者的參考；故叢書之中，除了自己的著述而外，一部分純是素材，這是要附在這裏說明的。

一九三五年九月九日　唐豪附記

王宗岳考

王宗岳考　目錄

王宗岳考

唐豪

試把太極拳著述中所記的王宗岳來一看，只見得一股附會、標榜、盲從交織的烏煙瘴氣，直沖霄漢，而看不見別的。

關百益於其民元印行的《太極拳經》中所考證的

王宗岳的姓氏

「查《派考記》：有淮安王宗道者，嘗從三丰學道，永樂中，封圓通真人，後入盧山採藥不返。或疑王宗岳、王宗道為一人，而此籍山右，彼籍淮安，又顯係二人也。又王漁洋有謂：『拳勇之技，少林為外

家，武當張三手為內家，三手之後，有關中人王宗得其傳。』王宗即王宗岳訛傳？抑岳字為衍文耶？」

關百益拿籍貫的差異，來論斷王宗岳、王宗道是兩個人，可是，他忘掉應用這一方法到王宗、王宗岳身上去了，陳微明於其己巳－民十八出版的太極答問中，便這樣地指了出來：

「問：『《三手集》曾載數傳而至關中王宗，王宗與王宗岳是一人抑係二人耶？』答：『王宗乃陝西人，宗岳山西人，以為一人者誤也。』」

關百益對於王宗岳的姓氏，尚抱一些懷疑態度，但對於

王宗岳的傳受源流

他卻肯定地說：

「祖師張真人三手，傳王先生宗岳。」

關氏此說，在其《太極拳經》敘中是這樣說明的：

「辛亥秋，余獲《太極拳經》鈔本於京師，其題有：山右王宗岳先生太極拳論。又題有：武當山先師張三丰，王宗岳留傳。又論後注：右係武當山張三丰老師遺論。其說不一，愚意或為張三丰所遺留，王宗岳據以傳世者也。」

不知這些題記，是王宗岳以後的人所妄加。而措辭含糊，並不能表明王宗岳是張三丰的門徒，況王宗岳後於張三丰者數百載，二人又怎能為師生呢？

關氏一方面疑《太極拳經》為張三丰所遺留，王宗岳據以傳世；一方面卻於其太極拳傳授源流中說：祖師張真人三丰，傳王先生宗岳。由懷疑未決的問題，下肯定不移的論斷，這樣的論證方法，是靠不住的。

關氏又於王漁洋所舉的內家拳源流：「三丰之後，有關中人王宗得

其傳。」句下註：此王宗恐即王宗岳。於是，一般附會、盲從的武藝作家，便由此衍變出許多笑話來，如許禹生於其民十出版的《太極拳勢圖解》中說：

「有西安人王宗岳者，得其真傳，名聞海內。溫州陳州人多從之學，由是由山陝而流傳於浙東。」

又說：

「王宗岳傳河南蔣發。」

王宗是內家拳家，王宗岳是太極拳家，兩種拳法，雖均附會於張三丰，然試取兩家的練法、打法、色名、拳套名稱來比較，便知其截然不同。關百益沒有把這弄清楚，於是他疑心內家拳家王宗，即是太極拳家王宗岳，連二人相異的籍貫，也忽略了過去，這種考據方法，未免粗疏可笑。

關百益受許禹生之托而為校訂《太極拳經》，這在《太極拳勢圖解》中曾經提到過的。所以關氏之說，為許氏所深信不疑，他相信王宗岳即王宗，同時因為王宗是關中人，關中即陝西省，西安是陝西省的省會，於是就產生出「西安人王宗岳」這個附會來。

以上這些話，吾想許禹生是不會否認的吧。至其「溫州陳州人多從之學」那話，想必從漁洋所述內家拳源流「宗傳溫州陳州同」那句話來的。觀其句中人多二字，決非手民誤植，而是將人名變為地名，豈非笑話。「王宗岳傳河南蔣發」那話，不知其何所根據？如此莫知所云的附會，真教人夠咋舌！

許氏之後的武藝著述，跟著盲從、附會的，如陳秀峰《太極拳真譜》：

「武當山真仙張三丰傳山右王宗岳，山右王宗岳傳河南溫縣陳州

同。」

秀峰是楊班侯的弟子，又為班侯的親同鄉，大概他是知道楊家的太極拳，是由河南溫縣陳氏得來，而不是由浙江溫州傳去的，所以他大膽地把陳州同的籍貫修改為溫縣。

同時，這位陳秀峰先生，竟不知陳州同是明朝嘉靖間人，更自鼓自吹地附會著說：

「山右王宗岳傳河南溫縣陳州同，溫縣陳州同傳廣平府南關楊班侯，廣平府楊班侯傳是城西鄉何營村文生陳秀峰，班侯槍法天下第一奇絕，秀峰刀法天下無雙。」

徐哲東於其民十七出版的《國技論略》中也說：

「溫州陳州同，從王宗岳學。王宗岳又授河南蔣發。」

徐哲東的《國技論略》，是一部用考據方法來敘述中國武藝的著

作。其中考異辨偽，頗具相當的見解，可是，他竟相信陳州同、蔣發是王宗岳的弟子，而不去考證一下，也不以之入存疑篇中，以待他人之考訂，率然盲從，顯然減少了這一著作的價值。

楊澄甫於其民二十出版的《太極拳使用法》中說：

「三豐師傳山右王宗岳，王宗岳先師傳浙東、河南。」

楊澄甫雖則相信關百益那類的所謂考據，然而他比陳秀峰聰明多了，他知道溫州在浙東，溫縣在河南，他祖傳的太極拳是由河南得來的，所以他把關百益、許禹生二人的話，綜合起來，說王宗岳傳的是浙東、河南兩處。

王宗岳的師承，王宗岳的傳授，在《太極拳經》上是考據不出來的，武藝著作家，偏要附會出一串上承下接的師弟來，可謂極盡編造扯謊之能事。不但王宗岳的傳受源流如是，即

王宗岳的籍貫

何嘗不是如是的呢！因為關百益疑王宗即是王宗岳，又因為王宗是關中人，於是許禹生第一個在其《太極拳勢圖解》中，編造出王宗岳是西安人，不知《太極拳經》上，只記載王宗岳是山右人，山右者，今稱山西，以其在太行山之右也。

關百益疑關中的王宗，即山右的王宗岳，已是粗心之至，許禹生不知關中為陝西省之總稱，西安乃陝西省的府治，竟把關中變為西安，豈非天大笑話。

依聲學舌繼許之後的，有：民十七出版的吳圖南《科學化的國術太極拳》、民二十一出版的田鎮峰《太極拳》、萬籟聲《原式太極拳圖解》等書，這種附會、盲從的態度，恐怕除了武藝著作家以外，是少見

的吧！其次

王宗岳的時代

也多是臆測之辭，按內家拳所附會的張三丰，是宋徽宗時人，太極拳著作家之間，把王宗岳列為張三豐的門徒，這無疑是主張王宗岳為宋時人了。

創這一說者為關百益，而盲從關的，有：陳秀峰的《太極拳真譜》、楊澄甫的《太極拳使用法》等書。

許禹生則編造王宗岳為元世祖時人。而盲從許的，有出鎮峰的《太極拳》、萬籟聲的《原式太極拳圖解》等書。

陳微明於其乙丑—民十四出版的《太極拳術》中，則謂「王宗岳大約是清初人」，但未能舉出其所根據的材料來，自是瞎猜。

姜容樵、姚馥春於其民十九出版的《太極拳講義》中，也認王宗岳為清初人，據云：此說是根據其所得的乾隆太極拳鈔譜。可是據吾考證的結果，王宗岳雖為乾隆時代的人物，但是姜、姚的拳譜，吾以為不是乾隆時代的舊鈔本，其說詳拙著《關於太極拳經》一文。

姜容樵、姚馥春合編的《太極拳講義》，其中有一節關於

王宗岳發明太極長拳的附會

其說如左：

「清初太極專家王宗岳，發明太極長拳，並著拳論，始有長拳、十三式之別。考長拳雖亦取法十三式，而其中實包藏龍、蛇、鶴、虎、馬、雞、鷹、熊、鳳、猴十形在內也。

余與姚君馥春，同學太極於友人湯君士林，湯為許占鰲先生之弟

子。客歲，余在吾師芳辰處，表演長拳半趟，先生謂：『斯術雖脫胎於十三式，其顯明易懂之理法與功用，實較十三式為廣。』余甚佩芳辰先生之治技而能知技也。

蓋於民元之前，經倪成玉君之介紹，得識許占鰲先生。許謂：『斯術確為王宗岳嫡派，因傳流甚少，故世人多知有長拳，特不知長拳之何若？至近今所謂長拳者，皆由十三式從而翻之，甲乙顛倒，先後互移，斯與此長拳有別矣。』余聆斯言，如獲至寶，秘而不宣者十餘年。而余友姚君已得斯術三昧，余則自愧仍未窺堂奧也。

蓋許先生為郭雲深之弟子，與余師兆東先生為同輩，德高望重，決無妄語，聞其太極得自友傳，而非師授，故同門多未知其精太極。茲擬太極拳出版後，續邀姚君馥春，合編此太極長拳，以公同好，特述許先生言如上。」

姜、姚自稱得王宗岳發明的長拳之嫡傳，其立意無非在標榜罷了。二人惟恐不能取信於社會，所以把許占鰲說得如何德高望重，證明他絕無妄語，以為自己所得到的嫡傳來保證。

其實拳家的扯謊，自古已然，於今為烈，姜、姚又豈能免此。查姜、姚所練的太極拳，與楊派大同小異，書中所列的圖勢、色名，其間雖稍稍有些異點，然而彼此對照起來，總不能否認是楊派的支流，但其《太極拳講義》中卻要說他們所練的太極拳，是陳耕雲之子某以友誼資格傳定州許占鰲，許傳湯士林、倪成玉等，湯傳姜、姚二人。

按不佞在陳溝親見耕雲曾孫照旭演練其世代相傳的老架十三勢，與時下楊派大異其趣，因而考知楊派之祖楊福魁，已將照旭高祖陳長興所傳者改變其面目（詳拙著《太極拳史的研究》）。

故凡曾目睹兩家練法之人，一望而知其區別，姜、姚襲楊派之形

貌，想要去冒充陳派底嫡傳，只能騙騙那些眼界不廣的人而已。陳耕雲之子某傳太極拳於姜、姚的師祖這話，不是姜、姚在那裏扯謊，便是他們的師祖許占鰲在那裏扯謊，拿這件事來作證，許占鰲的德望，似乎不能保證長拳為王宗岳發明的東西，何況據吾親詣陳溝調查之所得，陳耕雲的子孫，都不會太極長拳。

太極長拳，在陳耕雲之父陳長興那時早已失傳，現在只有拳譜還可以找到。同時，《太極拳經》上，也找不出長拳是王宗岳發明的根據來。

數年前，不佞在北平廠肆得《陰符槍譜》與《太極拳經》合鈔本一冊。槍譜之前，有乾隆乙卯六十（一七九五）年佚名氏敘一篇，敘中說

陰符槍是山右王先生發明的

其說如下：

「山右王先生，自少時經史而外，黃帝、老子之書及兵家言，無書不讀，而兼通擊刺之術，槍法其尤精者也。蓋先生深觀於盈虛消息之機，熟悉於止齊步伐之節，簡練揣摩，自成一家，名曰陰符槍。噫！非先生之深於陰符，而能如是乎？

辛亥歲，先生在洛，即以示予。予但觀其大略，而未得深悉其蘊，每以為憾！予應鄉試居汴，而先生適館於汴，退食之餘，復出其稿示予，乃悉心觀之。

先生之槍，其潛也若藏於九泉之下，其發也若動於九天之上，變化無窮，剛柔相易，而其總歸於陰之一字，此誠所謂陰符槍者也。

先生常謂予曰：『予本不欲譜，但悉心於此中數十年，而始少有所得，不以公諸天下，□□□□□，□□□□□！』於是將槍法集成為訣，而明其進退變化之法，囑序於予，因志其大略而為之序云。」

這山右王先生是誰呢？吾以為即是王宗岳。茲將

山右王先生就是王宗岳

的證據，述之於後。

陰符槍總訣云：

「身則高下，手則陰陽，步則左右，眼則八方。陽進陰退，陰出陽回，粘隨不脫，疾若風雲。以靜觀動，以退敵前，審機識勢，不為物先。下則高之，高則下之，左則右之，右則左之。剛則柔之，柔則剛之，實則虛之，虛則實之。槍不離手，步不離拳，守中禦外，必對三

尖。」

訣中高下、左右、剛柔、虛實、進退、動靜、陰陽、粘隨，一一與《太極拳經》理論吻合，這是山右王先生即王宗岳的一證。

《太極拳經》上的王宗岳籍山右，《陰符槍譜》敘中的王先生也籍山右，這是山右王先生即王宗岳的又一證。

《太極拳經》與《陰符槍譜》合鈔在一起，其理論與文采，兩者又相合致，苟非同一人的著作，沒有這般巧合的事，這是山右王先生即王宗岳的又一證。

有以上這些證據，證明了山右王先生，即是著《太極拳經》的王宗岳，在另外沒有找到別的新證據可以修正此說之前，大概不算十分武斷吧！

這《陰符槍譜》與《太極拳經》之間，尚有《春秋刀殘譜》一種，

其刀法現尚為陳溝傳習，刀譜亦可在陳溝拳家之間鈔得，據此以觀，王宗岳得陳溝之傳者，不單是太極拳一種，

陳溝的春秋刀，王宗岳也兼得其傳

茲將民國二十年不佞在陳溝所得的《春秋刀譜》與這殘譜，並錄於後，以資考證。

春秋刀殘譜：

「關聖提刀上霸橋，白雲蓋頂逞英豪（原文「豪」作「傢」），上三刀嚇殺許褚，下三刀驚退曹操。白猿托刀往上砍，一掤虎就地飛來（原文「飛」作「非」），分鬃刀難遮難擋，十字刀劈壞（原文「壞」作「膿」）胸膛。□□□□□□□，磨腰刀古樹盤根，左插花往上急砍，舉刀磨旗懷抱月。舞花撒手往上騰，落在懷中又抱月。起刀反身往

春秋刀殘譜，在陰符鎗譜七絕與太極拳十三勢論之間。1廠本。

上沖，刺回一舉嚇人魂，插花往左定（下缺）。」

陳溝《春秋刀譜》：

「關公提刀上霸橋，白雲蓋頂逞英豪。上三刀嚇殺許褚，下三刀驚退曹操。白猿拖刀往上砍，一掤虎就地飛來。分鬃刀難遮難當，十字刀劈砍胸懷。翻身一刀往上砍，磨腰刀回又盤根。左插花往上急砍，舉刀磨旗懷抱月。五花撒手往上磨，落在懷中又抱月。率刀翻身往上砍，刺回

一舉嚇人魂。翻花往左定下勢，白雲蓋頂又轉回。右插花翻身往上砍，再舉青銅砍死人。翻花往左定下勢，白雲蓋頂又轉回。挑袍翻身猛回頭，十字分鬃直扎去。花刀轉下銅翻杆，左右插花誰敢拒。花刀轉下鐵門閂，捲簾倒退誰遮閉。花—（花下當脫一字）左右往上砍，十字一刀忙舉起。春秋刀遇五關內。」

十字刀與磨腰刀之間，陳溝刀譜，較殘譜多「翻身一刀往上砍」之句，其餘雖文字微有差異之處，然與吾的論證是不相背馳的。接著，再來研究

王宗岳是怎樣一個人物？

《陰符槍譜》佚名氏的敘告訴我們：王宗岳是山西人。他的治學，自少時經史而外，黃帝、老子之書及兵家言，無書不讀。辛亥歲——乾

隆五十六年，他在洛，其後館於汴。

他兼通擊刺之術，尤精於槍法，他悉心於此中者數十年，深觀於盈虛消息之機，熟悉於止齊步伐之節，簡練揣摩，自成一家，名曰陰符槍。又將槍法集成為訣，以公天下。敘末署乾隆乙卯，證明了他於乾隆六十年尚還健在。他怎樣學得太極拳的呢？《陰符槍譜》敘中不是說過他在汴、洛之間處過館的嗎！

太極拳的發源地，在河南懷慶府溫縣陳溝村，——一稱陳家溝，或稱陳家溝子，簡稱陳溝。如果我們要從開封或洛陽前去，只要乘隴海車由開封之西、洛陽之東的汜水，渡黃河十餘里地便到。因為汜水介於汴、洛之間，而溫縣則在汜水的對岸。

明白了上述的地理，王宗岳之學得太極拳，當即在其居留洛、汴的時期中。以鈔本中的《春秋刀譜》來看，他不但學得陳溝的太極拳，並

且學得陳溝的春秋刀等武藝。

他的武藝著作理論，受黃、老思想的影響，這也是佚名氏在敘中明白告訴我們的。

進一步，要討論的是：

《太極拳經》是否王宗岳的著作

《太極拳經》除同、禹、圖、鎮四本外，均有如左的一節註：

「此係武當山張三豐老先師遺論（百本：此作右，豐作手，無先字。秀本：此句作武當山真仙張三峯老師遺論。容本：此句作以上係三手祖師所著），欲天下豪傑延年養生（百、容二本：養生作益壽）。不徒作技藝之末也。」

右註：澄、微、鑒、致四本，都在《十三勢論》、《太極拳解》二

篇之後。廠、百二本，都在《太極拳論》之後。文本在《十三勢論》之後。秀本在拳經全文之首。容本則注在《十三勢論》、《太極拳論》、《太極拳解》三篇之後。這九本注的地位，彼此不同，究竟哪一篇是張三丰著的？哪一篇是王宗岳著的？這批太極拳著作家，將瞠目無以對吧！這一節註，如果說王宗岳自己因為張三丰的神仙名重，假託了這位道人，以遂其文章登龍之術，那麼，他所著的《陰符槍譜》，為何不同樣地也借重張三丰呢？

《陰符槍譜》且不肯假託古人，何況《太極拳經》？更就太極拳產生的時期來說，此拳為溫縣陳溝村陳王廷所發明。王廷，明末清初人，國亡後隱居，取戚繼光三十二勢拳經，和黃庭經吐納之術，來創造出太極拳，這是在其遺詩及陳氏家譜中可以證明出來的（詳見拙著《戚繼光拳經》）。

張三丰至少是元末明初人，與王廷相去三百年，不但奉張三丰為太極拳鼻祖出於附會，即《太極拳經》中的一部，說是張三丰所遺留，也是受附會者所欺，況以《太極拳經》的整個內容來看，不僅其本身的文體完全一致，與《陰符槍譜》的文體，甚至理論，亦無不同，足見《太極拳經》這一著作，出自山右王先生宗岳一手的推論，不是武斷的。

至後人之所以附會於張三丰者，大概體驗到此拳演練之法，與道家養生之術有貫通之處；同時，民間張三丰的印象，影響了這位好為附會的先生，註在王宗岳著作之後，這是很可能之事。茲將數百年來民間對於張三豐印象深刻與普遍的原因？述於後，以明

王宗岳《太極拳經》的一部，附會於張三丰的來由

《明史・方伎傳》所記的張三丰：

「太祖故聞其名，洪武二十四年，遣使覓之，不得。永樂中，成祖遣給事中胡濙，偕內侍朱祥，賚璽書香幣往訪，遍曆荒徼，積年不遇。乃命工部侍郎郭璡、隆平侯張信等，督丁夫三十餘萬人，大營武當宮觀，費以百萬計，既成，賜名太和太岳山，設官鑄印以守。天順三年，英宗賜誥贈為通微顯化真人。」

《明史・胡濙》傳：

「惠帝之崩於火，或言遜去，諸舊臣多從者。帝疑之，遣濙頒御製諸書，並訪仙人張邋遢，遍行天下州、郡、鄉、邑，隱察建文帝所在。」

讀了以上兩傳，可見成祖因太祖曾訪過張三丰，便借此為題，遣胡濙偕內侍去隱察建文帝安在。成祖為甚麼要做這套把戲呢？當然為政治上的顧忌，這是毫無疑義的。

胡瀅在外訪了十餘年，訪得惠帝遜去的消息不實，乃悉以所聞奏對。永樂為遮蓋天下耳目計，大營武當宮觀，這就是所謂假戲真做之法。但，民間因胡瀅表面上到處去訪求張三丰，故《毗陵見聞錄》有胡老尚書趕張邋遢之語，加之丁夫三十餘萬人，大營武當宮觀，既成之後，又設官鑄印以守，天順三年，英宗更仰體先人之意，賜誥為通微顯化真人，這些都是十分聳動社會視聽的事，因此，有明一代，民間對於張三丰印象的普遍與深刻，迥非其他道家可比。

明亡以後，雍正年間的汪夢九、道光年間的李西月，還替這位邋遢道人編全集，足見其影響的久遠而不衰，這便是一切附會之所由。

後人把王宗岳所著的《太極拳經》的一部來附會於張三丰，一方由於太極拳運氣之法，與道家養生之術相通，一方由於民間張三丰印象的普遍與深刻，造成了附會的因素，而思想滯留於數世紀以前的拳家，或

則限於知識的淺薄，或則作為安身立命的法門，於是附會妖妄，標榜神仙，盲從瞎說之風，遂彌漫於武藝作家之間。

王宗岳太極拳經

唐豪編

武藝叢書

第一輯之四

目錄

太極拳經

王宗岳

一、十三勢論

一舉動，週身俱要輕靈，尤須貫串（圖本：尤作猶）。氣宜鼓盪，神宜內練（澄、微、文、百、鑒、致、圖、容、鎮九本：練作斂），無使有缺陷處（微、容二本：均無此句。鎮本：此句在無使有斷續處之後），無使有高低處（澄、微、文、鑒、致、圖、容、鎮八本：高低均作凸凹），無使有斷續處（鎮本：處作時）。

其根在於腳（澄、微、百、鑒、致、圖、容、鎮八本：均無於

字），發於腿，主宰於腰，行於手指（澄、微、鑒、致、圖、容、鎮七本：行作形），由腳而腿而腰，總須完整一氣，向前退後，乃得機得勢（澄、文、圖三本：乃下多一能字）。有不得機得勢處（文本：有上多一若字，機下多一不字），身便散亂，其病必於腰腿求之（鑒本：腰腿作腿腰）。上下前後左右皆然（鎮本：此句作上下左右前後皆然）。

凡此皆是意（容本：無是字，皆下註在心二字。文本：是下多一在字），不在外面（百本：無面字。文本：此句下尚多而在內也四字），有上即有下（澄、微、文、百、鑒、致、圖、容、鎮九本：此句下多有前即有後五字，澄本：即作則），有左即有右（澄本：即作則），如意要向上（圖本：要作欲），即寓下意（文本：無意字），若將物掀起而加以挫之之意（澄、微二本：意作力。容本：此句作譬之將植物掀起而加以挫折之力），斯其根自斷（百本註：斯一作斬），乃壞之速而無疑

（容本：此句作損壞之速乃無疑）。虛實宜分清楚，一處自有一處虛實（澄、文二本：無自字），處處總此一虛實（文、百二本：此作有。文本：虛下多一一字），周身節節貫串，勿令絲毫間斷耳（澄、微、鑒、致、圖、鎮六本：勿均作無）。

（註）圖本無此篇。

二、太極拳論

太極者，無極而生（秀本：無上多一本字，百本：無上多一由字，禹、鑒、致、圖、鎮五本：句下多動靜之機四字），陰陽之母也。動之則分，靜之則合，無過不及，隨曲就伸（同、微、容、鎮四本：曲作屈），人剛我柔謂之走，我順人背謂之粘（容本：我順人背作人背我順。圖本：背作逆。澄、微、鑒、致、圖、容、振七本：粘作

黏），動急則急應（圖本：應下多謂之速三字），動緩則緩隨（圖本：隨作應，應下多謂之隨三字），雖變化萬端，而理為一貫（同本：為作惟。微本：理為作惟性。文本：為作惟。容本：此句作而理與性惟一貫）。

由著熟而漸悟懂勁（容本：悟作至），由懂勁而階及神明（文本：階及作漸及），然非用力（澄、微、秀、禹、百、鑒、致、圖、容、鎮十本：力下多之久二字。文本：力作功，下多至久二字），不能豁然貫通焉。

虛領頂勁（微、秀、鎮三本：領作靈。容本：無此句），氣沉丹田（容本：無此句），不偏不倚（圖本：作中立不依），忽隱忽現（圖本：作乍隱乍現），左重則左虛（容本：重作實。秀本：則左之左字作右。圖本：虛上多一必字），右重則右虛（秀本：則右之右字作左。圖

本：虛上多一必字。同、澄、微、秀、禹、百、鎮七本：虛作杳。圖本：虛作輕，其下多虛實兼到一句），仰則彌高（同、澄、微、文、秀、禹、百、鑒、致、容、鎮十一本：仰下多一之字。圖本：此句作仰高鑽堅），俯則彌深（同、澄、微、文、秀、禹、百、鑒、致、容、鎮十一本：俯下多一之字。圖本：無此句），進之則欲長（文、鎮二本：進作近。同、澄、微、文、秀、禹、百、鑒、致、容、鎮十一本：欲作愈。圖本：無欲字），退之則欲促（同、澄、微、文、秀、禹、百、鑒、致、容、鎮十一本：欲作愈。圖本：無欲字），一羽不能加，蠅蟲不能落（禹、鎮二本：蠅作一。秀本：蟲作蚊。禹、鎮二本：蟲作蠅），人不知我，我獨知人，英雄所向無敵（容本：英作豪），蓋皆由此而及也（澄、微、鎮三本：無皆字。圖本：此句作蓋皆由於此也。容本：此句作蓋皆由階而及也。文本：此句下多無力純剛四字）。

斯技旁門甚多，雖勢有區別，概不外乎壯欺弱（文本：概上多一惟字。同、鎮二本：無乎字），慢讓快耳。

有力打無力（禹本：打作讓），手慢讓手快，是皆先天自然自能（同本：是作此。澄、微、文、秀、禹、百、鑒、圖、容、鎮十本：自能作之能），非關學力而有為也（文、禹、百三本：有下多一所字。同、澄、秀、容四本：無為字）。

察四兩撥千斤之句（澄本：句作力），顯非力勝（文本：此句作顯非蠻力所能勝），觀耄耋能禦眾之形（澄本：衆下多一人字。圖本：形作情），快何能為？

立如平準（文本：立上多一在字。圖本：立上多一惟字。澄本：如作及。容本：平作秤），活似車輪，偏沉則隨，雙重則滯，每見數年純工（同、澄、微、文、秀、禹、百、鑒、圖、容、鎮十一本：工作

功），不能運化者，率皆自為人制（文本：無率字。微、容二本：無皆字。文本：句下多卒不能制人者則七字），雙重之病未悟耳。

惟欲避此病（同、澄、秀、禹、鑒、致、圖、容、鎮九本：無惟字。百本：惟作故。微本：惟作若。文本：病上多一弊字），須知陰陽，粘即是走（微、鑒、致、圖、振、容、鎮七本：粘作黏），走即是粘（微、鑒、致、圖、振、容、鎮七本：粘作黏），陰不離陽（同、秀二本：陰作陽，陽作陰），陽不離陰（同、秀二本：陽作陰，陰作陽），陰陽相濟，方為懂勁，懂勁後愈練愈精，默識揣摩，漸至從心所欲，本是捨己從人，多誤捨近求遠，所謂差之毫釐（微本：所作斯。百本：差作謬），謬之千里（百本：謬作差。微、鑒、致、振、容五本：之作以），學者不可不詳辨焉。是為論。

三、太極拳解

長拳者，如長江大海（容本：海作河），滔滔不絕（微、鑒、致、容四本：絕下多一也字）。十三勢者（文本：十上多一純字），掤、攦、擠、按、採、挒、肘、靠（秀本：攦作攄），此八卦也。進步、退步、左顧、右盼、中定，此五行也。合而言之，曰十三勢也（文本：此句作十三勢者。容本：無也字）。

掤、攦、擠、按（秀本：攦作攄），即坎、離、震、兌（鑒、致二本：此句作乾、坤、坎、離），四正方也。採、挒、肘、靠，即乾、坤、艮、巽（鑒、致二本：此句作巽、震、兌、艮），四斜角也（容本：角作方）。進、退、顧、盼、定（鑒本：定作停），即金、木、水、火、土也（百本：此句作水、火、木、金、土也。容本：此句作

水、火、金、木、土也）。

（註）他本無篇名，今從百本。

同本此篇，文字前後，微有不同，作：「長拳者，如長江大海，滔滔不絕，十三勢者。分掤、攌、擠、按、採、挒、肘、靠、進、退、顧、盼、中定。掤、攌、擠、按，即坎、離、震、兌，四正方也。採、挒、肘、靠，即乾、坤、艮、巽，四斜角也，此八卦也。進步、退步、左顧、右盼、中定，此金、木、水、火、土也，五行也。總而言之，曰：十三勢也。」

鎮本：無「長拳者，如長江大海，滔滔不絕」一節。十三勢者一節，作「十三勢者，掤、攌、擠、按、採、挒、肘、靠、進、退、顧、盼、中定是也。」

四、十三勢歌

十三總勢莫輕視（澄本：總勢作勢來。鑒、致、振三本：總作勢），命意源頭在腰膝（澄本：膝作際。同、微、秀、鑒、致、圖、振、容、鎮九本：膝作隙。文本：膝作跨）。變轉虛實須留意，氣遍身軀不少癡（澄、微、文、秀、鑒、振、容、鎮八本：癡作滯）。

靜中觸動動猶靜（澄、微、文、秀、百、鑒、致、圖、振、容、鎮十一本：觸作觸。澄、微、文、百、鑒、致、圖、振、容、鎮十本：尤作猶。秀本：尤作又），因敵變化是神奇（澄、微、文、鑒、致、圖、振、容、鎮九本：是作示。秀本：是作施）。

勢勢存心揆用意（同本：揆作窺。微、文、容、鎮四本：存作揆，百、圖二本：存作留。微、文、容、鎮四本：揆作須。百本注：揆用

意，一作確著意），得來不覺費工夫（鑒、致、振三本：工作功。圖本：得來不覺費工夫，作得來工夫不顯遲）。刻刻留意在腰間（同本：意作心），腹內鬆淨氣騰然。尾閭中正神貫頂（秀本：神作直。同、圖二本：中正作正中），滿身輕利頂頭懸（文本：身作心）。

仔細留心向推求（秀本：向作去），屈伸開合聽自由。入門引路須口授，工夫無息法自修（鑒、致、振三本：工作功。秀本：工夫作功用。同、澄、微、文、秀、容、鎮七本：修作休）。若言體用何為準？意氣君來骨肉臣。

想推用意終何在（同、秀二本：想作詳）？益壽延年不老春。歌兮歌兮百四十（微、容二本：四十作卌字），字字真切已無遺（同、澄、微、文、鑒、致、圖、振、容、鎮九本：已作義。秀本：已作意），若不向此推求去，枉費工夫貽嘆惜（同、秀、二本：貽作遺。澄、微、鎮

三本：惜作息）。

五、打手歌

掤、攦、擠、按須認真（秀本：攦作攄。鎮本：掤攦作攦掤），上下相隨人難進，任他聚力來打咱（秀本：他作君。同、澄、微、文、秀、百、鑒、致、圖、容、鎮十一本，聚作巨。百本：咱作偺。同、微、鑒、致、圖、容、鎮七本：咱作我），牽動四兩撥千斤。

引進落空合即出（圖本：進作入。百本注：合一作令），粘連黏隨不丟頂（鑒、致、圖、振四本：粘作黏。秀本：丟頂作頂丟。百本註：案前論四兩撥千斤之句，顯非力勝，觀耄耋能禦眾之形，快何能為等句，知粘連黏隨不丟頂下，尚有□□□□□□□，□□耄耋能禦眾十四字，合上三韻，共成四韻，然參觀他本，亦至不丟頂而止，則知其下一

韻佚之久矣）。

又曰：彼不動，己不動，彼微動，己先動（容本：此句作己意己動）。勁似鬆非鬆（同、澄、微、文、百、圖、容七本：無勁字），將展未展，勁斷意不斷。

（註）彼不動一節，同、澄、秀三本：列十三勢行工心解之後，容本將此節割裂為二，彼不動至己意已動，列太極十三勢論之前，似鬆非鬆至勁斷意不斷，列十三勢行工心解之末，勁斷意不斷下，多藕斷絲亦連五字。

六、十三勢行工心解

以心行氣，務令沉著（同本：無令字），乃能收斂入骨。以氣運身，務令順遂（同本：無令字），乃能便利從心。精神能提得起（容

本：無能字），則無遲重之虞（百本注：虞一作處），所謂頂頭懸也（容本：頂頭作頭頂）。意氣須換得靈（同本：換作還。容本：無須字），乃有圓活之趣（微、容、鎮三本：趣作妙。圖本：之趣作趣味）所謂變動虛實也（同、微、秀、百、容、鎮六本：動作轉。文本：實下多一是字）。

發勁須沉著鬆淨（鑒本：勁作動），專主一方（澄本：專上多一須字。同、秀、百三本：主作注。秀本：方下多一也字）。立身須中正安舒，支撐八面（微、容、鎮三本：支撐作撐支）。行氣如九曲珠，無微不至（鑒、致、振三本：微作往。百、鑒、致、圖、振五本：至作利。同、微、文、秀、容、鎮六本：至作到），（氣遍身軀之謂，同本：此句作所謂氣遍身軀也。圖本：謂下多一也字，作正文。微、容、鎮三本：無此句）。

運勁如百煉鋼（文、鑒二本：勁作動。文本：鋼上多一之字），何堅不摧（澄本：何作無）。形如捕兔之鵠（同、微、秀、鑒、致、圖、振、容、鎮九本：捕作搏。微、容二本：鵠作鶻。文本：此句作形如搏鳥之鶻），神如撲鼠之描（同、微、文、百、鑒、致、振、容、鎮九本：撲作捕）。

靜如山岳，動似江河（微、鑒、致、振、容五本：似作若）。蓄勁如開弓（微、容二本：開作張。秀本：開作彎），發勁如放箭，曲中求直，蓄而後發，力由脊發（秀本：脊作腰），步隨身換，收即是放（微、文、容、鎮四本：下多放即是收一句），斷而復連，往復須有折疊，進退須有轉換（秀本：須作要。鑒、鎮：二本：有作由），極柔軟，然後極堅硬（同、澄、微、秀、百、容六本：硬作剛），能呼吸，然後能靈活，氣以直養而無害（文本：以作宜），勁以曲蓄而有餘。心

為令，氣為旗，腰為纛，先求開展，後求緊湊，乃可臻於縝密矣（文本：乃作方，於作至。秀本：縝作愼。文本：矣作也）。

又曰：先在心，後在身，腹鬆（微、文、容三本：鬆下多一淨字。圖本：無此二字），氣斂入骨（圖本：氣上多以心行三字。秀本：骨下多三分靠胳膊五字。文本：骨下多一髓字），神舒體靜，刻刻在心（秀本：刻刻下多兩儀二字。同、秀二本：在作存），切記一動無有不動，一靜無有不靜（同本：句下多視動猶靜，視靜猶動八字），牽動往來氣貼背（文本：背下多一脊字。秀本：此句作牽往來氣），斂入骨（容本：斂上多一復字。同、微、文、百、致、圖、振、容、鎮九本：骨上多一脊字。秀本：無此句），內固精神，外示安逸，邁步如貓行，運勁如抽絲（鑒、鎮二本：勁作動），全神意在精神（同、澄、微、文、秀、圖、容七本：全神之神作身。秀本：意下多一思字。同、秀、圖三

本：精作蓄），不在氣，在氣則滯，有氣者無力，無氣者純剛（同本：無作養。圖本：此句下多即得乾坤行健之理所以十字），氣如車輪（秀本：氣作肢。致、鎮二本：如作若），腰如車軸（鎮本：如作若。容本：如作似。文本：軸下多是也二字。圖本：軸下多一也字）。

（註）圖本：「先在心，後在身，以心行氣，斂入骨，神舒體靜，刻刻在心」等句，在腰如車軸也之後。百本：「刻刻在心切記」六字，作註不作正文。

七、十三勢名目

攬雀尾，單鞭，提手上勢，白鶴亮翅，摟膝拗步，手揮琵琶勢，進步搬攔捶，如風似閉，抱虎歸山，攬雀尾，肘底看捶，倒輦猴，斜飛勢，提手上勢，白鶴亮翅。摟膝拗步，海底針，扇通背，撇身捶，卻步

搬攔捶，上勢攬雀尾，單鞭，雲手，高探馬，左右分腳，轉身蹬腳，進步栽捶，翻身撇身捶，反身二起腳，上步挫捶，雙風貫耳，披身踢腳，轉身蹬腳，斜單鞭，野馬分鬃，玉女穿梭，單鞭，雲手下勢，金雞獨立，倒輦猴，斜飛勢，提手上勢，白鶴亮翅，摟膝拗步，海底針，扇通背，上勢攬雀尾，單鞭，雲手，高探馬，十字擺連，摟膝指襠捶，上勢攬雀尾，單鞭下勢，上步七星，退步跨虎，轉腳擺連，彎弓射虎，上步攬雀尾，合太極。

同本：

懶扎衣，單鞭，提手上勢，白鵝亮翅，摟膝腰步，手回琵琶勢，摟膝腰步，手回琵琶勢，上步搬攬捶，如封似背，抱虎推山，單鞭，肘底看捶，倒輦猴，白鵝亮翅，摟膝拗步，手回琵琶勢，按勢青龍出水，三通背，單鞭，抎手，高探馬，左右起腳，轉身蹬一腳，踐步打捶，翻身

二起，披身，踢一腳，蹬一腳，上步捶攬捶，如封似背，抱虎推山，斜單鞭，野馬分鬃，單鞭，玉女穿梭，單鞭，抎手，下勢，更雞獨立，倒輦猴，白鵝亮翅，摟膝拗步，三通背，單鞭，抎手，高探馬，十字腳，上步指襠捶，上步七星，下步跨虎，轉腳擺連，彎弓射虎，雙抱捶。

澄本：

太極起式，攬雀尾，單鞭，提手上式，白鶴亮翅，摟膝拗步，手揮琵琶式，左右摟膝拗步三個，手揮琵琶式，進步搬攬錘，如封似閉，十字手，抱虎歸山，肘底看錘，左右倒攆猴，斜飛式，提手上式，白鶴亮翅，左摟膝拗步，海底針，山通臂，撇身錘，上步搬攬錘，攬雀尾，單鞭，左右抎手，單鞭，高探馬，左右分腳，轉身蹬腳，左右摟膝拗步，進步栽捶，翻身二起腳，左右披身伏虎式，回身蹬腳，雙風貫耳，左蹬腳，轉身右蹬腳，上步搬攬錘，如封似閉，十字手，抱虎歸山，斜單

鞭，左右野馬分鬃，上步攬雀尾，單鞭，玉女穿梭，上步攬雀尾，單鞭，抎手，單鞭下勢，金雞獨立，左右倒攆猴，斜飛式，提手上式，白鶴亮翅，摟膝拗步，海底針，山通背，白蛇吐信，上步搬攬錘，進步攬雀尾，單鞭，抎手，單鞭，高探馬代穿掌，轉身十字腿，進步指襠錘，上勢攬雀尾，單鞭下式，上步七星錘，退步跨虎式，轉身雙擺蓮，彎弓射虎，上步搬攬錘，如封似閉，十字手，合太極。

文本：

太極出勢，攬雀尾（掤攦擠按），單鞭，提手上勢，白鶴展翅，左摟膝拗步，手揮琵勢，左摟膝拗步，右摟膝拗步，左摟膝拗步，手揮琵琶勢，進步搬攔搖，如封似閉，十字手，抱虎歸山（掤攦擠按），斜單鞭，肘底捶，左倒攆猴，右倒攆猴，斜飛勢，提手上勢，白鶴亮翅，左摟膝，海底針，蟾通背，轉身撇身捶，上步搬攔捶，上勢攬雀尾（掤攦

擠按），單鞭，右雲手，左雲手，單鞭，高探馬，右分腳，左分腳，轉身蹬腳，左右摟膝拗步，進步栽捶，轉身撇身捶，進步搬攔捶，右蹬腳，左右打虎勢，右蹬腳，雙風灌耳，左蹬腳，轉身右蹬腳，上步搬攔捶，如封似閉，十字手，抱虎歸山（攬雀尾）（掤攦擠按），斜單鞭，左右野馬分鬃，上步攬雀尾（掤攦擠按），單鞭，左右玉女穿梭，上步攬雀尾（掤攦擠按），單鞭，左右雲手，單鞭，斜身下勢，左右金雞獨立，左右倒攆猴，斜飛勢，提手上勢，白鶴展翅，摟膝拗步，海底針，蟾通背，轉身白蛇吐信，進步搬攔捶，上步攬雀尾（掤攦擠按），單鞭，左右雲手，單鞭，高探馬，十字手，轉身單蹬腳（從前擺連，現經澄甫先生改為蹬腳），左摟練膝指襠捶，上勢攬雀尾（掤攦擠按），單鞭，斜身下勢下，上步七星，退步跨虎，轉身雙擺連，彎弓射虎，上步搬攔捶，如封似閉，十字手，合太極。

秀本：

攬切危，如風似閉，打掌單鞭，合十字手，下勢打靠，白鵝亮翅，摟膝打肚掌，要步琵琶勢，再打胸掌，上步搬攬捶，豹虎推山，侍臣鵠立，合手，彎身捶，身後捻步，如風似閉，邪單鞭，肘底看捶，倒捶猴，十字手，開合手，白鵝亮翅，摟膝打肚掌，山桶碑，青龍出水，滾身豎肘，彎身捶，鳳凰單展翅，退步搬攬捶，上步如風似閉，單鞭，雲手，單鞭，高探馬，兩策腳，一登腳，上步指褶錘，磙身豎肘，彎身捶，轉腳伏勢，搬攬捶，二起腳，退步伏虎勢，合手連三腳，上步搬攬捶，豹虎推山，侍臣鵠立，合手，彎身捶，身後捻步，如風似閉，邪單鞭，白馬分鬃，如風似閉，單鞭，玉女穿梭，如風似閉，單鞭，雲手，單鞭，下勢，更雞獨立，倒捻猴，十字手，開合手，白鵝亮翅，摟膝打肚掌，山桶碑，青龍出水，滾身豎肘，彎身捶，鳳凰單展翅，退步搬攬

捶，上步如風似閉，單鞭，雲手，單鞭，高探馬，操手打掌，磙身豎肘，十字奔，上步指當捶，上步如風似閉，單鞭，下勢，上步七星，退步胯虎，轉腳擺蓮，彎弓射虎，上步十字手，上步如風似閉。

百本：

攬雀尾，單鞭，提手上勢，白鵝晾翅，摟膝拗步，手揮琵琶勢，進步搬攔捶，如封似閉，抱虎歸山，攬雀尾，肘底看捶，倒攆猴，斜飛勢，提手上勢，白鵝晾翅，摟膝拗步，海底針，扇通背，撇身捶，卸步搬攔捶，上勢攬雀尾，單鞭，雲手，高探馬，左右分腳，轉身蹬腳，摟膝拗步，進步栽捶，翻身撇身捶，進步蹬腳，翻身二起腳，彎弓射虎，披身踢腳，雙風貫耳，轉身蹬腳，上步搬攔捶，如封似閉，抱虎歸山，斜單鞭，野馬分鬃，玉女穿梭，單鞭，雲手下勢，金雞獨立，倒攆猴，斜飛勢，提手上勢，白鵝晾翅，摟膝拗步，海底針，扇通背，上勢攬雀

尾，單鞭，雲手，高探馬，十字擺蓮，摟膝指膛捶，上勢攬雀尾，下勢單鞭，上步騎鯨，退步跨虎，轉腳擺蓮，彎弓射虎，合太極。

參考文獻：

《陰符槍譜》、《太極拳經》（鈔本）

馬同文《太極拳譜》（鈔本）

楊澄甫《太極拳使用法》（上海福州路神州國光社發行）

陳微明《太極拳術》（上海北西藏路致柔拳社發行）

黃文叔《太極拳要義》（石印本，與槍、劍、刀合刊，非賣品）

陳秀峰《太極拳真譜》（石印本）

關百益《太極拳經》（油印本，非賣品）

許禹生《太極拳勢圖解》（北平西單牌樓體育研究社發行）

吳鑒泉《太極拳圖》（上海九福公司發行，非賣品）

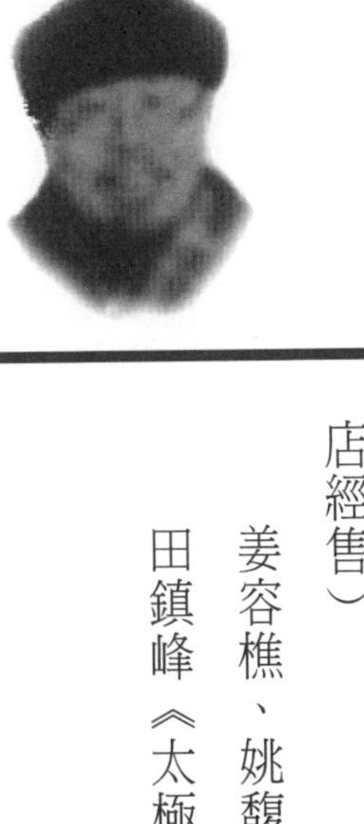

徐致一《太極拳淺說》（上海精武體育會寄售）

吳圖南《科學化的國術太極拳》（商務印書館發行）

陳振民、馬岳樑合編《吳鑒泉氏的太極拳》（上海福州路新中國書店經售）

姜容樵、姚馥春合編《太極拳講義》（上海山東路武學書局發行）

田鎮峰《太極拳》（濟南世界書局大東書局發行）

廠本太極拳經校訂記

唐豪

本書太極拳經正文，是廠本原文而取各本訂正的。

從字義方面訂正的訛字如左：

勁以曲經而有餘的經字，訂正為蓄字。

從音、形兩方訂正的訛字如左：

玩整一氣的玩字，訂正為完字。氣遍身區不少□的區字，訂正為軀字。

從音、義兩方訂正的訛字如左：

即於下意的於字，訂正為寓字。處處總此宜虛實的宜字，訂正為一

字。靜之則和的和字，訂正為合字。須領頂勁的須字，訂正為虛字。多悟捨近求遠的悟字，訂正為誤字。並無一字浮衍陪襯的浮字，訂正為敷字。字字真切亦無遺的亦字，訂正為已字。枉費工夫噫歎息的噫字，訂正為貽字。外是安逸的是字，訂正為示字。

從形、義兩方訂正的訛字如左：

斯致旁門甚多的致字，訂正為技字。學者不可不詳辦巫的辦巫二字，訂正為辨焉。勢勢存心撥用意的撥字。訂正為揆字。若言休用何為準與神舒休靜的休字，訂正為體字。所謂頂頭見也的見字，訂正為懸字。發勁須沉者鬆淨的者字，訂正為著字。何堅不推的推字，訂正為摧字。

從音、形、義三方訂正的訛字如左：

無為不立的為立二字，從音、義上將為字訂正為微字；從形、義上

將立字訂正為至字。

訂正其倒書者如左：

勿令毫絲間斷耳的毫絲二字，訂正為絲毫。

訂正其脫漏者如左：

腹內鬆淨騰然，淨下脫一氣字；然後堅硬，後下脫一極字，悉為補入。

各本太極拳經文字同異的原因

唐豪

各本太極拳經文字間的大同小異，大概不外下列幾種原因：

一、傳鈔沿訛。

二、本於心得而為添改。

三、妄自添改。

傳鈔沿訛者，類如校訂記訂正的各字是。

與原文文體不能辨別其出於二手者，只能認為歷來太極拳家本於心得所為之添改，今已不能指出其孰為原文？孰為添改之文？但參證各本，其遺辭命意，多本相同而一二本獨異，或文采不類者，亦可察知非

為原文。

如：若將物掀起而加以挫之之意，容本作譬之將植物掀起而加以挫折之力。工夫無息法自修，秀本作功用無息法自休。動急則急應，動緩則緩隨，圖本作動急則急應謂之連，動緩則緩應謂之隨。不偏不倚，圖本作中立不依。忽隱忽現，圖本作乍隱乍現。無氣者純剛下，圖本多即得乾坤行健之理所以十字。

參證他本，均可以看出是添改的。

妄自添改的，如：尤須貫串，圖本作猶須貫串。無使有斷續處的處字，鎮本作時。有不得機得勢處，文本機下多一不字。處處總此一虛實，文本作處處總此一虛一實。而理為一貫，微本作而惟性一貫；容本作而理與性惟一貫。左重則左虛，圖本作左重則左必虛。右重則右虛，圖本作右重則右必輕。仰則彌高，圖本作仰高鑽堅。英雄所向無敵，容

本作豪雄所向無敵。蓋皆由此而及也，容本作蓋皆由階而及也。顯非力勝，文本作顯非蠻力所能勝。觀耄耋能禦眾之形，澄本作觀耄耋能禦眾人之形；圖本作觀耄耋能禦眾之情。立如平準，文本作惟在立如平準；圖本作惟立如平準；澄本作立及平準。惟欲避此病，文本作惟欲避此弊病。掤、擺、擠、按須認真，鎮本作：擺、掤、擠、按須認真。乃有圓活之趣，圖本作乃有圓活趣味。氣斂入骨，文本作氣斂入骨髓。氣斂入骨下，秀本多三分靠胳膊。刻刻在心，秀本作刻刻兩儀存心。

以上只須在修辭方面一看，顯與原文不類，所以可斷其出於妄自添改。

此外原文沿訛，如：百、圖二本無微不利的利字，應加改正而反不改。案成語中只有無往不利及無微不至，而沒有無微不利的成語。

黃梨洲《王征南墓誌銘》：「三丰為武當丹士，徽宗召之，道梗不得進，夜夢元帝授之拳法，厥明，以單丁殺賊百餘。」這段神話，只要你是有常識的，你會不會相信？

關於《太極拳經》

唐豪

一、《太極拳經》命名的由來及其篇名

這一著作的原名，在先本不稱經，以陰符槍的名為譜來參證，應當稱為太極拳譜方合。其名為《太極拳經》者，始自關百益。

關百益的《太極拳經》敘云：

「竊謂此拳之妙用，大意以柔克剛，靜制動，順破逆為主，其旨同於道家，其理合乎儒論。考之陸清獻太極論曰：『寂而不動，即太極之陰靜也，感而遂通，即太極之陽動也，感而復寂，寂而復感，即太極之

動靜無端，陰陽無始也。』此太極性之理，與太極之理，本自相同，其關於身心者一也，尊之曰經，似無不宜。」

《太極拳經》的篇名，是酌採廠、百二本來的，一舉動的篇名，題為《十三勢論》；太極者的篇名，題為《太極拳論》；長拳者的篇名，各本都無，闞百益題為《太極拳》，今從之。十三總勢莫輕視，題為《十三勢歌》；以心行氣的篇名，題為《十三勢行工心解》；掤、攦、擠、按須認真，題為《打手歌》；攬雀尾等色名，題為《十三勢名目》。

二、參校各本的說明

本書《太極拳經》正文，即不佞在廠肆所得與《陰符槍譜》的合鈔本子。其取以參考校訂附註在正文之下的：計有馬同文《太極拳譜》鈔

本；民國二十年出版的楊澄甫《太極拳使用法》；民國十四年出版的陳微明《太極拳術》；民國十八年出版的黃文叔《太極拳要義》（石印本）；未載出版年月的陳秀峰《太極拳真譜》（石印本）；民國十年出版的許禹生《太極拳勢圖解》；民元出版的關百益《太極拳經》（油印本）；民國十八年出版的吳鑒泉《太極拳圖》；民國十六年出版的徐致一《太極拳淺說》；民國二十年出版的吳圖南《科學化的國術太極拳》；民國二十四年出版的陳振民、馬岳樑合編的《吳鑒泉氏的太極拳》；民國十九年出版的姜容樵、姚馥春合編的《太極拳講義》；民國二十一年出版的田鎮峰《太極拳》。

廠肆鈔本，簡稱廠本，餘取編著者名號中一字，如楊澄甫《太極拳使用法》，簡稱澄本是以號著稱者取其號，以名著稱者取其名，不拘拘於義例。

關百益的《太極拳經》，是許禹生囑他校訂的，其《太極拳勢圖解》緒言中，有如下之說明：「拳經傳於世者，約有數種，然鈔襲相傳，魚魯莫辨。壬子歲，曾囑關君葆謙校訂。」

三、拳經各篇的排列與標題

廠本：

（一）十三勢論，其標題為先師張三豐、王宗岳傳留太極《十三勢論》。（二）《太極拳論》、《太極拳解》兩篇，其標題為山右王宗岳先師《太極拳論》，題下有一名長拳，一名十三勢九字。（三）十三勢歌。（四）十三勢行工心解。（五）打手歌。（六）十三勢名目。

同本：

（一）十三勢名目，其標題為《十三勢架》。（二）太極拳論，其

標題為山右王宗岳先生《太極拳論》。（三）十三勢，歌其標題為《十三勢行工歌訣》。（四）打手歌。（五）十三勢行工心解，其標題為《打手要言》。（六）太極拳解，無標題。長拳者之上，有：一名長拳一名十三勢九字。打手歌後之彼不動一節，列十三勢行工心解之末。

澄本：

（一）《十三勢論》、《太極拳解》兩篇，其標題為祿禪師原文。（二）十三勢名目，其標題為《太極拳十三式》。（三）十三勢歌。（四）打手歌無標題。（五）十三勢行工心解，其標題為王宗岳原序。（六）太極拳論，其標題為《王宗岳太極論》。打手歌後之彼不動一節，列十三勢行工心解之末。

微本：

（一）《十三勢論》、《太極拳解》、《太極拳論》三篇，其標題

合稱《太極拳論》。（二）十三勢歌。（三）十三勢行功心解。（四）打手歌。十三勢名目，列目錄。

文本：

（一）十三勢論，其標題為《太極拳論》。（二）《太極拳論》、《太極拳解》二篇，其標題合稱《王宗岳先師太極拳論》，下註一名長拳，一名十三勢。（三）十三勢行功心解。（四）十三勢歌。（五）十三勢名目，其標題為《太極拳名稱》。（六）打手歌。

秀本：

（一）太極拳解，無標題。（二）十三勢歌，其標題為《用工歌訣》。（三）十三勢行工心解，其標題為《十三勢用工心解》。（四）打手歌。（五）太極拳論，其標題為《山右王宗岳先生太極拳論》，下註一名長拳，一名十三勢。（六）十三勢名目，其標題為《太極拳著勢

譜》。打手歌後之彼不動一節，列十三勢行工心解之末。

百本：

（一）太極拳論。（二）太極拳解。長拳者之上，有：太極拳一名長拳，一名十三勢十二字。（三）十三勢行工心解。（四）打手歌。（五）十三勢名目。（六）十三勢歌，其標題為《太極十三勢目歌》。（七）十三勢論，其標題為《太極十三勢總論》。

鑒本：

（一）《十三勢論》、《太極拳解》二篇，其標題合稱《太極拳論》。（二）太極拳論，其標題為《太極拳經》，旁註山右王宗岳遺著。（三）十三勢歌。（四）十三勢行功心解。（五）打手歌。（六）十三勢名目，其標題為《太極拳姿勢之名稱及其次序》。

致、振二本：

各篇排列，與鑒本同。惟十三勢名目，其標題為《太極拳式名稱及其次序》，餘與鑒本標題相同。

圖本：

（一）太極拳論。（二）十三勢論，其標題為《太極拳用功秘訣》。（三）十三勢行功心解，其標題為《太極拳行功心法》。（四）十三勢歌，其標題為《太極十三勢歌》。（五）打手歌。十三勢名目，其標題為《太極拳勢》，另列目錄中。

容本：

（一）十三勢論，列歌訣二之後，無標題。（二）太極拳論割裂為二，太極者至不能豁然貫通焉，列歌訣三之後；不偏不倚至學者不可不詳辨焉，列歌訣四之後，無標題。（三）太極拳解，列歌訣五之後，無

標題。（四）十三勢歌，其標題為《十三勢歌訣六》。（五）十三勢行工心解割裂為二，以心行氣至進退須有轉換之後，極柔軟至乃可臻於縝密矣之前，雜以歌訣七，其標題為《十三勢行功心解》。又打手歌，另列第九章。歌後彼不動一節，亦割裂為二，彼不動至已意已動，列十三勢論之前；似鬆非鬆至勁斷意不斷，列全文之末，勁斷意不斷下，多藕斷絲亦連五字。

鎮本：

（一）十三勢論，其標題為《太極拳論》。（二）太極拳論，其標題為《太極拳經》。（三）十三勢歌。（四）太極拳解之第二節（無第一節），及十三勢行功心解，其標題為《十三勢行功心解》。（五）打手歌。（六）十三勢名目，其標題為《太極拳各勢名稱》。

禹本只有太極拳論一篇，其標題為《太極拳經》，後註此論係張三

丰先生入室弟子王君宗岳所作。

標題上先師某某傳留，某某師原文，某某原序，這無疑是後人給加上去的。所以讀了廠本十三勢論的標題，必然使人發生疑問，是張三丰傳留下來的呢？還是王宗岳傳留下來的？

讀了廠、澄、文三本太極拳解的標題，和澄本十三勢行功心解的標題，必然使人發生疑問，是楊祿禪的原文呢？還是王宗岳的著作？這顯明是後人胡亂添加的證據。

四、拳經中的兩節註

《太極拳經》除同、禹、圖、鎮四本外，均有如左的一節註：

「此係武當山張三豐老先師遺論（百本：此作古，豐作丰，無先字。秀本：此句作武當山眞仙張三峯老師遺論。容本：此句作以上係三

丰祖師所著）。欲天下豪傑延年養生（百、容二本：養生作益壽），不徒作技藝之末也。」

澄、微、鑒、致四本，都註在《十三勢論》、《拳解》二篇之後。廠、百二本，都註在太極拳論之後，文本註在十三勢論之後。秀本列拳經全文之首。容本註在《十三勢論》、《太極拳論》、《太極拳解》三篇之後。關於這一節註的討論，已在拙著《王宗岳考》一文內詳說。

此外，還有一節註，各本均註在太極拳論之後。

「此論句句切要在心（秀本：無此論二字。百本：分作此論切要，句句在心二句），並無一字敷衍陪襯，非有夙慧（百本：慧下多一者字。容本：慧下多之人二字）不能悟也。（容本：不作未）。先師不妄傳人（廠本：無人字，據他本補入），亦恐枉費工夫耳。」

觀上註「此論……先師不妄傳人」之語，必然是後人給加上去的。

五、文、容、百三本比較他本多出的歌、訣、文

文本：

十三勢論前多出的文：

「未有天地以前，太極無窮之中，渾然一氣，乃為無極。無極之虛氣，即為太極之理氣；太極之理氣，即為天地之根荄；天地之根荄，化生人物，始初皆屬化生，一生之後，化生者少，形生者多，譬如木中生蟲，人身生虱，皆是化生，若無身上的汗氣，木中的朽氣，哪裏得這根荄，可見太極的理氣，就是天地的根荄之領袖也。」下註「此處疑有遺漏」六字。

容本：

十三勢論之前，多出的歌與文。

歌：歌訣一。

「順項貫頂兩膀鬆，束烈下氣把膽撐，胃音開勁兩捶爭，五指爪地上彎弓。」

文：

「虛靈頂勁，氣沉丹田，提頂調膽，心中力量，兩背鬆，然後窒。開合按勢懷中抱□，七星勢，視如車輪，柔而不剛。」

「由腳而腿，由腿而身，練如一氣，如轉鶻之鳥，如貓擒鼠。發動如弓發矢，正其四體，步履要輕隨，步步要滑齊。」

太極拳論之前，多出的文：

「拿住丹田之氣，練住元形，能打哼哈二氣。」

十三勢歌之後，多出的文：

「內三合與外三合。」

「骨節相對，開勁攀稍為陽，合披坑窑相照，分陰陽之義，開合引進落空，分寬窄老嫩，入筍不入筍，有擎靈之意。斤對斤，兩對兩，不丟不頂，五指緊聚，大節表正，七節要合，八節要扣，九節要長，十節要活，十一節要靜，十二節抓地。三尖相照，上照鼻尖，中照手尖，下照足尖，能顧元氣，不跑不滯，妙令其熟，牢牢心記。能以手望槍，不動如山，動如雷霆，數十年工夫，皆言無敵，果然信乎？高打高顧，低打低應，進打進乘，退打退跟，緊緊相隨，升格未定，沾黏不脫，拳打立根。」

以上文、容二本多出的歌與文，與十三勢論、太極拳論、太極拳解、十三勢歌、十三勢行工心解、打手歌的文采，絕不相同，可以斷其絕非王宗岳的手筆。

容本：

十三勢論之前，多出的歌——歌訣二

「舉動輕靈神內斂，莫教斷續一氣研，左宜右有虛實處，意上寓下後天還。」

太極拳論之前多出的歌——歌訣三

「拿住丹田練內功，哼哈二氣妙無窮，動分靜合屈伸就，緩應急隨理貫通。」

又太極拳論不能豁然貫通焉之後，不偏不倚之前，多出的歌——歌訣四

「忽隱忽現進則長，一羽不加至道藏，手慢手快皆非似，四兩撥千運化良。」

太極拳解之前，多出的歌——歌訣五

「掤、攦、擠、按四方正，採、挒、肘、靠斜角成，乾、坤、震、兌乃八卦，進、退、顧、盼、定五行。」

十三勢行工心解進退須有轉換之後，極柔軟之前，多出的歌——歌訣七

「極柔即剛極虛靈，運若抽絲處處明，開展緊湊乃縝密，待機而動如貓行。」

以上五首歌，歌訣二詠十三勢論。歌訣三、四詠太極拳論。歌訣五詠太極拳解。歌訣七詠十三勢行工心解。

所有太極拳的理，王宗岳已在論解中詳述，這些敷衍陪襯的詩歌，大概是後進太極拳家的作品，把王宗岳的著作，歸納在幾首詩歌中，以便記誦的。如果這五首歌也是王宗岳的原作，那麼，絕不會他本絕無，而容本獨有之理。加之姜容樵最善扯謊，他對於著作的態度，極不忠

實，尤其足以證明吾的論斷是有理由的。

又容本十三勢歌之後，多出的二十字訣：

「披、閃、擔、搓、歉、黏、隨、拘、拿、扳、軟、掤、摟、摧、掩、撮、墜、續、擠、攤。」

百本打手歌之後，多出的文：

「又曰：行則動，動則變，變則化，化化無窮。」

參證他本亦無，自非原文。

據姜容樵說，他所得的太極拳譜有二本，一是乾隆時的抄本，一是光緒初年的木板本，與近世所傳者大同小異，然一觀其多出的歌、訣、文，豈止小異，簡直大有不同。按照吾的觀察，容樵稱其得到乾隆抄本，及光緒初木板本的話，全是扯謊騙人，吾來舉些證據給讀者看。

查十三勢行工心解中，收即是放之後，斷而復連之前，容本多放即

是收一句，如果原文確有此句的話，那麼，斷而復連之下，應該有連而復斷四字，方成其為重複叮嚀對比的文句。考放即是收之句，最早見於民國十四年出版的陳微明《太極拳術》一書中，吾所見的廠、同鈔本，及民國元年關百益根據數種舊鈔本考訂的《太極拳經》，均無此四字，故吾疑此四字是陳微明所添加的。

姜容樵的《太極拳講義》，於民國十九年出版，書中此句的來源，當然錄自陳微明的《太極拳術》，光緒初的木板本是謊話，乾隆時的抄本，尤其是騙人。

茲再舉出一個無可辯飾的證據來以證吾言。

陳秀峰《太極拳真譜》有如下之一節：

「又曰：彼不動，己不動，似鬆非鬆。彼微動，己先動，將展未展，勁斷意不斷。陳秀峰加此：彼不動，己先動，勁斷神不斷，藕斷絲

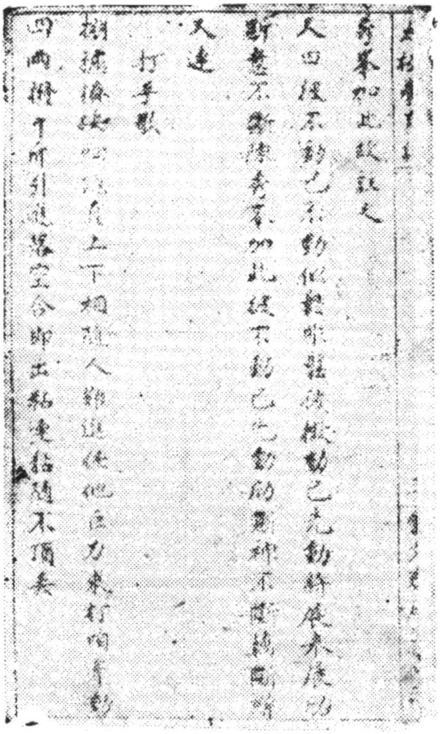

陳秀峰加藕斷絲又連之證據。——太極拳真譜。

又連。」

藕斷絲連之句，是陳秀峰所添加，容本藕斷絲亦連之句，雖「又」字改為「亦」字，然終歸是陳秀峰之手筆，那是不可否認的。光緒初的木板一，不是謊話嗎？乾隆時的抄本，不尤其是騙人嗎？所以容本中多出的歌、訣、文，如菜中的雜樣，而不是出於一手時的文章。

六、十三勢名目的說明與研究

十三勢名目，各本均有不同，本書以廠本為正文外，並將馬同文《太極拳譜》、黃文叔《太極拳要義》、陳秀峰《太極拳真譜》、關百益《太極拳經》所載名勢，附列於後。

餘如陳微明《太極拳術》，許禹生《太極拳勢圖解》，徐致一《太極拳淺說》，吳圖南《科學化的國術太極拳》，陳振民、馬岳樑的《吳鑒泉氏的太極拳》，姜容樵、姚馥春的《太極拳講義》，田鎮峰的《太極拳》，均為易購之書，吳鑒泉的《太極拳圖》，雖為非賣品，然其十三勢名目，可參看徐致一、吳圖南、陳振民、馬岳樑著作。所以不再附註。

楊澄甫《太極拳使用法》，出版後交神州國光社發行，因為內容太

質而不文，例如書中「有說一力強十會」之下，註有禮二字，「我說一巧破千斤」之下，註不錯二字，這都是江湖套語，號稱能文章的楊氏門弟子，看見了覺得面子上有些那個，反對將該書發售，所以不久即行收回，現已不易購得，故其名勢，亦附於正文之後。

王宗岳的原著，不佞斷其並無十三勢名目，所有的十三勢名目，是各派自己添加上去的。所以楊派手裏的《太極拳經》，其十三勢名目便為楊派的，武派手裏的《太極拳經》，其十三勢名目便為武派的。楊派之中，又分出若干支流，其《太極拳經》中的十三勢名目，又各隨其支流而不同，這也是有力的證明。

王宗岳陰符鎗譜

唐豪 編

武藝叢書

第一輯之四

陰符槍譜敘

蓋自易有太極，始生兩儀，而陰陽之義以名。然道所宜一，理百體而安萬化者，則不存乎陽，而存乎陰。孔子曰：「尺蠖之屈，以求伸（原文伸下尚有一之字）也，龍蛇之蟄，以存身也。」古今來言道之（原文無之字），家本乎此，即古今來談兵之家，亦有未能出乎此者也。每慨世之所謂善槊者，類言勢而不言理，夫言（原文言訛宰）勢而不言理，是徒知有力，而不知有巧也，非精於技者矣。

山右王先生，自少時經史而外，黃帝、老子之書及兵家言，無書不讀，而兼通擊（原文擊訛繫）刺之術，槍法其尤精者也。蓋先生深觀於

盈虛消息之機，熟悉於止齊步伐（原文伐作法）之節，簡練揣摩，自成一家，名曰陰符槍，噫！非先生之深於陰符，而能如是乎？

辛亥歲，先生在洛，即以示予，予但觀其大略，而未得深悉其蘊，每以為憾！予應鄉試居汴，而先生適館於汴，退食之餘，復出其稿（原文稿訛館），示予，乃悉心觀之，先生之（原文之下衍一館字）槍，其潛也若藏於九泉之下，其發也若動於九天之上，變化無窮（原文此句作下無窮），剛柔相易，而其總歸於陰之一字，此誠所謂陰符槍者也。

夫理無大小，道有淺深，隨人所用，皆可會於一源，陰符經言道之書，廣大悉備，而先生取其一端，用之一槍，然則觀之於槍，亦可知先生之（原文之作知）於道矣。

昔楊氏之槍，自云二十年梨花槍，天下無敵手，夫以婦人而明槍法，不過知其勢，未必能達其理意也，而猶能著一時而傳後世若此，況

先生深通三教之書，準今析古，精練而成，而謂不足傳於天下後世乎！先生常謂予曰：「予本不欲譜，但悉心於（原文於字在但字下）此中數十年，而始少有所得，不以公之天下，亦鳥之於功，若知其是哉（此兩句當有訛）！於是將槍法集成為訣，而明其進退變化之法，囑序於予，因誌其大略而為之序云（原文云下尚有一戟字）。」

乾隆歲次乙卯

陰符槍譜　目錄

陰符槍譜

王宗岳

一、陰符槍總訣六則

（一）身則高下，手則陰陽，步則左右，眼則八方。

（二）陽進陰退，陰出陽回，粘隨不脫，疾若風雲。

（三）以淨（當是靜字）觀動，以退敵前（此句當有沿訛），審機識勢，不為物先。

（四）下則高之，高則下之，左則右之，右則左之。

（五）剛則柔之，柔則剛之，實則虛之，虛則實之。

（六）槍不離手，步不離拳，守中禦外，必對三尖。

二、上平勢七則

立身要聳，前步要顛，滿托上與胸齊，此長槍勢也，用之小槍可也。

彼槍扎我左脅，我開左步，向裏促步前進，連掤他手，勢窮反槍，我單手扎出。

彼槍扎我右脅，我開右步，向外隨步扎彼小門，落騎馬勢，即照下平勢運用可也。

彼槍扎高（扎高當是高扎之倒）我大門，我搭槍如蛇纏物，連足趕上二轉，將彼槍扶在正中，盡力使下，即用單手扎出，小門同。彼從大門，不論上中下三門扎我，即乘扎之時，開右步，隨右步躲開彼槍，用

單手盡力中平扎彼大門，是為青龍獻爪。

彼從小門，不論上中下三門扎我，即乘彼槍（槍下當有脫字）之時，懸空轉步，躲開彼槍，用單手盡力扎彼小門，亦是青龍獻爪。

（註）若將第四節分作二則，本篇當佚一則。

三、中平勢十三則

立身要正，平槍在臍上，彼中平扎我大門，我用圈法圈開彼槍，單手扎出。

彼中平扎我小門，我用圈法圈開彼槍，單手扎出可也。彼槍中平扎我大門，我退步掩彼槍稍（當是梢字），彼轉扎我小門，我撤前手，單手扎彼小門。

彼中平扎我小門，退步掩彼槍稍（當是梢字），彼槍扎我大門，我

撒前手，單手扎出可也。

彼中平扎我大門，我開左步，隨右步，後手轉陽至臍下，前手合陰，雙手照他虎口扎出。

彼中平扎我小門，我開左步，隨右步，落騎馬勢，雙手照他手腕扎去。

彼中平扎我大門，我用青龍獻爪扎去，與上平法同。彼扎我小門，我用青龍獻爪扎去，亦與上平法同。

彼中平扎我大門，我退步挑彼手腕，槍要出長，前手仰，後手合。

彼中平扎我大門，我退步從他，指前手，托後手扎（扎下當脫一彼字）。彼高扎我大門，我隨槍作托刀勢，起槍扎彼手，或彼杆，或彼槍開稍（當是梢字），即反手用盡力扎出。

彼高扎我，圈開彼槍，進步雙手高扎彼臉，他槍起護，我撒開前

手，用單手扎彼腮。

彼平扎我小門，我開左步，隨右步，落騎馬勢捉彼，以後照彼下平勢用。彼待槍不動，如先扎，必合槍開稍（當是梢字），不開稍（當是梢字），則不扎。

（註）須將第二節、第六節、第八節，各分作二則，方符標題十三則之數。

四、下平勢十一則

彼中平梨花滾袖槍扎我，我用陰陽手一仰一合，輕敲彼槍，連足退後要扎他，他轉槍之時，我撤前手，單手扎出。

彼低粘我，不論大小門，我與（疑是於字之訛）他落槍之時，進前步，起身扎他咽喉，此下平勢俱可用之。

托刀勢，後腿弓，前腿蹬，彼扎我，我身懸空轉步，單手扎彼腳腕，彼從大（大下疑脫門字）中平扎我，我前足收回，用雙手扎，俯身打彼槍杆，連足趕上，敲彼前手，待彼勢窮，反槍單手扎出。

彼從小門斜扎我，我將前足收回，用陽手背扎扎（疑衍一扎字）他槍，彼轉槍大門扎我，我開左步，代右步，用單手扎彼小腹。

彼低粘我槍，我向他小門，開左步，促右步，雙手扎彼乳下。

我稍（當是梢字）在左，他中平扎我，我開左步，代右步，單手盡力扎彼小腹。我槍在右，他中平扎我，我懸空轉步洛（當是落字）騎馬勢，單手扎彼左脅，中與不中，即抽槍照原勢跳回。他若趕來，將槍在地顛起，用滑步扎他，我槍稍（疑是梢字）在中，看其身一動，即發槍扎去，是謂先發制人，名占位之槍。

彼從大門高扎我，我從大門圈開他槍，用單手扎出可也。彼從小門

高扎我，我從小門圈開彼槍，亦用單手出也（手下當脫一扎字，出下當脫一可字）。

（註）本篇佚數則。

五、川（當是穿字）袖、挑手、穿脂（當是指字）、搭外、搭裏十七則

（一）今人扎槍，步步上前，殊失進退之理，我今定退一步法，隨護隨退，則彼槍扎空，其心必亂，亂而取之，其勢甚易，蓋爭先者，黃帝之學也；退後者，老子之教也。

（二）今人扎槍，以捉拿為主，捉拿不住，不敢還槍，則利在常扎者，不如躲還，只妙在一時，所謂中平一點，難招架也。

（三）今人扎槍，高扎高迎，低扎低迎，緊緊相隨，為（當是惟字

之訛）恐不及，失之大（當是太字）迂，不如高扎高迎，彼洛（當是落字）我即扎高；低扎低迎，彼起我即扎低，在上扎上，在下扎下，甚為捷便。

（四）今人扎槍，多用轉槍，裏掩扎外，外掩扎裏，如梨花滾袖槍是也。不知此最吃虧，如彼槍扎我，我從大門掩住彼槍，令其扎我小門，彼轉槍扎我，我撒前手，後手扎出，彼洛（當是落字）空，我槍著實矣。

（五）凡發槍扎人，遷（疑是要字之訛）扎透，不遷（疑是要字之訛）扎穿，一點便回，隨立（立下當有脫字），一（當是以字）備不虞，兵法所謂一克如始戰者是也，慎之慎（當脫一之字）。

（六）凡與人扎對槍（原文凡上衍一曰字），不許呆立，他以虛槍相試，我以虛槍相應，彼進我退，彼退我進，足要輕，步要碎，身無定

影，飄飄如仙，待實扎之時，我躲槍還槍，使開步法向前，偏（當是偏字之訛）身著力也。

（七）凡與人對槍，要去貪心，絕（絕下疑有脫字）氣，眼注彼手，勿得旁觀，微有不便，不勉強發槍，待時而動，一擊便（便下當脫一中字）為上乖（當是乘字之訛）。

（八）凡與人對槍，要善賣破綻，誘之便（當是使字之訛）入，中途擊之，彼不及防，兵法所謂形之敵，必從之者也。

（九）凡與人對槍，我心不肯先扎，必不得已，亦為（當是惟字之訛）點一槍誘之使入矣。

（十）凡與人對槍，讓我先扎，我虛點一槍，即便回身，彼若趕來，其舉足未定之時（其上當脫一乘字），所謂及其陳未定而薄之者是也（本節有脫句）。

（十一）凡與人扎槍，利在乘虛，如彼扎上則下虛，扎下則上虛，扎右則左虛，扎左則右虛，以目注之，以時蹈之（原文蹈下衍則上虛扎右則左虛扎左則右虛以目注蹈十七字），百不失一，兵法（法下當脫所謂二字）兵形避實而擊（擊下當脫一虛字）者是也。

（十二）凡與人扎槍，與用兵相吾（當是同字），體者：兵也。心者：大將也。目者：先鋒也。三軍運用，雖在一人，然平日之節制（本句當有脫字），己戰之時，先鋒領眾對敵，固不及事事而謀之大將，扎槍亦然，平日手是（當是足字）習熟，對敵之時，目光一照，四休（當是體字）從今（當是令字），亦（當是不字）及著著用心也。

（十三）凡扎槍不必著數太多，博而不精，終屬無益，只在要緊處操演精熟，變化無窮而已，所謂兵不在多而在精者也。

（十四）凡與人扎槍，我發槍扎彼，彼從大門拿開，我槍洛（當是

落字）左，不必著急，看其高來，我倒後步盡力一抽，洛（當是落字）抱刀勢，反身單手扎出。看其低來，我倒後步作群攔勢，逼住他槍。

（十五）凡與人對槍，我發槍扎人，彼從小門拿開我槍，令我洛（當是落字）右，不必著急，待其扎來，不論高低，我將前步一退，後手一提，作剪（當翦字之是訛）步而走，出險之後，重回定勢。

（十六）凡與人對槍，要看勢，兵法云：用眾者務易，用寡者務險，一人與二人扎槍，其數已陪（當是倍字之訛），況多者乎！據險固不待言。

然平人扎槍，與兵究竟不同，兩軍對壘，限於紀律，豈（當脫一能字）曳兵而走，是平入（當是人字之訛）則不然，相待（當是持字）於城邑院落之中，固宜（二字當衍）或據穿口，或據隘巷。芳（芳字當衍）平原壙（當是曠字）野，彼眾我寡，則以剪（當是翦字）跳為主，

必不可背陷重圍。想起空間之處，即我拖（當是托字之訛）足之所，彼趕來拖刀（當是槍字）而走，不趕即止，頻頻回顧，見有輕足善足（當是走字之訛）者，迫近吾身，我回身單手直刺，中與不中，拔槍又走，出險又息，罵之使來，趕來又如前，如此則一可敵百矣。

（十七）凡與人扎槍之法，先學縱跳，能逾高趕遠，繼之以（以下當有脫字），則萬將難敵矣。

六、陰符槍七絕四首

嫋嫋長槍定二神，也無他相也無人，勸君莫作尋常看，一段靈光貶此身。

心須望手手望槍，望手望槍總是真，煉到丹成九轉後，心隨槍手一齊迷。

至道何須分大小，精粗總是一源頭，若將此術（術下當脫一字）兵論，孫武何須讓一籌。

靜處為陰動則符，工夫只是有沉謀，若還靜裏無消息，動似風雲也算浮。

民國二十五年四月一日印刷
民國二十五年五月一日發行
（定價四角）

編者 唐豪
發行者 中國武術學會
代售處 本外埠各書局

上海薩坡賽路一九〇號
總發行所 中國武術學會
電話八〇六四〇

王宗岳太極拳經
王宗岳陰符鎗譜

戚繼光拳經

唐豪編著

武藝叢書

第一輯之二

於「武藝叢書」的感言

「清算整理」，一切理論全需要「清算」，全需要「整理」的，目前，「武藝」這一部門當然也沒有例外。「武藝叢書」的產出，就是企圖負起這點任務。

把荒誕的、邪魔的、神秘的種種關於武藝的謬說，或者竟利用這謬說作煙幕，掩護自己「安身立命」企圖者們的狂言，作一度「清算」；同時還要把前代遺留下來「武藝」上的東西——合理的使它存在，不合理的要無憐惜地剔除出來，揚棄了它——作一度新的整理和估價。更要指明的是：所謂「武藝」本身在人類歷史進展上，目前以至將來的社

會，它應該佔著怎樣的位置和價值？這樣明瞭了以後，我們才能得到一個正確的，帶有科學性的實踐標準，才不至於盲目地努力。從實踐中可以更接近地證明了所謂「武藝」的價值在哪裏。

這工作是必要的！不是麼？

《少林武當考》、《太極拳與內家拳》，這也是本叢書編著者，兩部關於「武藝」考證的著作，順便提在這裏的，就是從這兩部書裏，我們已經看得出作者過去對於「武藝」著述是怎樣的忠實，起始用了作武藝書者不會用過的方法，開了一條新路，來闡明了一切。雖然當時曾受了一些庸俗的「把式匠」和「老古董」之流的不滿，但這又成功了什麼呢？他們除開信口說些侮蔑詆毀的亂言以外，公開論戰的文字卻沒見他們產出一篇，無疑這是「清算」引起了他們護短的羞憤而已。

我是同意范生君這工作，凡進步而有志於「武藝」研求的，如果不甘心在一些暗昧欺騙的牛角裏摸索的同志們，一定也該同意的！

「武藝叢書」刊行起始，寫了這點文字，就算作它的「發軔禮」。

一九三五年九月九日　劉蔚天記

本來打算做篇自序，說明刊行武藝叢書的意旨，如今劉兄蔚天，在他送吾的禮物中，替吾把「清算」、「整理」兩大目的，舉了出來，那麼，吾何必再說累贅話呢？

過去，吾之研究武藝，在購求圖書方面，所費的代價甚鉅，所得的材料甚微，因之，發願要印一部「武藝叢書」，以便同好者的參考；故叢書之中，除了自己的著述而外，一部分純是素材，這是要附在這裏說明的。

一九三五年九月九日　唐豪附記

戚繼光拳經 目錄

戚繼光拳經

戚繼光拳經的研究及其評價

唐豪

戚氏拳經，要算《漢書・藝文志・手搏六篇》以後一部最古老的拳法著述了。前乎他的時代，和當時的拳法，我們已難窺其全豹，但憑藉了這部拳經，由此可以窺得其一二；後乎他的拳法，我們憑藉了這部拳經，可以作為研究的根據。

一、戚氏以前的拳法

拳法在古文獻中，稱為手搏，又稱弁。——《漢書・藝文志》甘延壽傳：「延壽試弁為期門，以材力愛幸。」孟康注：「弁，手搏也。」一作卞；亦作抃。——《漢書・哀帝紀》贊：「孝哀雅不好聲色，時覽卞、射、武戲。」蘇林注：「手搏為卞。」左思《吳都賦》：「抃、射、壺、搏。」孟康注：「抃，手搏也。」其實弁、卞、抃這三個名詞，不過是同音異書而已。

《漢書・藝文志・兵伎巧十三家》中，有手搏六篇，手搏列入兵伎巧，可知在戰鬥器技未進化的漢代，尚為軍事所採用，但到了戰鬥器技較為進化的明代，戚繼光在他的《拳經・捷要篇》裏，認拳法為：「此藝不甚預於兵，能有餘力，則亦武門所當習。」所以他說：「活動手

足，慣勤肢體，此為初學入藝之門也，故存於後，以備一家。」

自漢至明，凡千七八百年，何以在這樣長的一個時期中，絕無一部如戚繼光那樣有圖有說可供後人參考的拳法著述產出呢？大概，過去重文輕武的風氣太濃厚，老粗們搏擊之術，為風雅所恥言；茅元儀曰：「陳思王豪於文者也，而其自敘手搏，旨哉津津乎！今之介弁，反恥而不言，嗟哉！未之難已！」那時介弁的風雅氣息，薰染得如此，這以前的情形，可推而知，在這樣的環境中，自然不會產生出像戚繼光那樣的著作來，而研究古拳法的材料，於是乎惟有戚氏的《拳經》。

戚繼光前些時代的拳法，在《拳經・捷要篇》中可以考見的只有：

宋太祖三十二勢長拳；

六步拳；

猴拳；

囮拳。

何良臣《陣記》謂：「宋太祖長拳有三十六勢，未知孰是。」荊川《武編》謂：「趙太祖長拳多用腿，山東專習，江南亦多習之。」此可考知宋太祖長拳的特性和其當時流布的區域。

這些古拳，都為《拳經》所取材。所以，我們要想對於前乎戚氏的拳法，窺得其一二，不能離開他的《拳經》。

二、戚氏當時的拳法

戚氏是明代嘉靖間人。當時的有名拳法，他寫在《拳經・捷要篇》裏的如：

「溫家七十二行拳，三十六合鎖，二十四棄探馬，八閃番，十二短，此亦善之善者也。呂紅八下雖剛，未及綿張短打，山東李半天之

腿，鷹爪王之拿，千跌張之跌，張伯敬之打與巴子拳，皆今之有名者。」

以上這些，都是當時的名家拳法，亦為《拳經》所取材，我們要研究明代拳法的梗概，戚氏這部書，不能不說是重要的參考材料。

何良臣《陳紀》，述當時各家拳法，與《拳經．捷要篇》大體相同，惟「腿」多一曹聾子，「拏」多一唐養吾，張伯敬擅長者，非打而為肘，考《陣紀》內容，受戚氏《紀效新書》、《練兵實紀》兩書影響之處甚多，故錄之以備參考。

又唐荊川《武編》所載溫家長打七十二行著，當即是《捷要篇》所云之溫家七十二行拳。二十四尋腿，不知是否即二十四棄探馬？用手用低腿之呂短打六套，不知是否即呂紅八下？十二短，當即是《武編》所云之山西劉短打。唐氏謂：「劉短打用頭肘六套；長短打六套，頭肘亦短，合之適為十二短。」

唐氏謂：「三家短打，越亦頗能。」三家云者，唐氏係指家數而非指人，劉短打用頭肘之六套，長短打之六套，用手用低腿之呂短打六套，合其家數適為三，疑三家短打即此。溫家拳則越所專習，家有譜，唐氏《武編》略具數節如下：

勢

四平勢，井闌四平勢，高探馬勢，指襠勢，一條鞭勢，七星勢，騎虎勢，地龍勢，一撒步勢，拗步勢，長拳變勢，短打不變勢。

逼近用短打，若遠開則用長拳。行著既曉，短打復會，行著短不及長矣。一手有上中下，切斫鉤扳攙金。手高立撘，揚逼攻抖，盤旋左右腳來踏，調出五橫三推肘，你行當面我行傍，你行傍來我直走，倘君惡狠奔當胸，風雷絞炮劈掛手。騰捶手，雙打雙砍雙過肘。左右走手怕邊

拳，調出飛虹忽捉手。喝聲打上下頭虛，顧下還須上捉手。只些真訣是原傳，還有通仙六隻手。旂鼓拳，閃橫拗步；腳上前，高怕黃鶯；雙拍手，低怕撩陰；跨襠拳，挨靠緊追；休脫手，會使斜橫搶半邊。

長拳行著

凡打法行著，多從探馬起，直行虎打法三著：打左右七星，拗步，高探馬。

驚　法

右腿蹴驚，右手斬手，左手飛拳上臉，連右手拳一齊再發，搭腳進步高探馬。左拳哄臉，右腿低，彈左腿，右拳飛拳上臉，倒身一踏，倒插幡高探馬，專打高探馬。右腿驚左腿，左腿上踏，玉女穿針，高探馬變一條鞭，右拳驚右腿，隨拳窩裏暗出，倒馬搓四平，變身法回身勒馬聽風。諸勢俱打一腿，六腿左右通用，本家俱有矮腿可破，又有還腿可

用。一、鑽左上右，鑽右上左，鑽一踏。左顛右踏，右顛左踏。偷右踏右，偷左踏左。一搓，一蹴，一掛，一跟，一低彈。

演　法

凡學腿先虛學，踢開腿後，依法演習鑽腿。虛學踏腿，懸米袋或蒲團學。搓腿虛學，或用柱掛。蹴腿虛學，或用掛住腿，用柱學跟腿虛踢後用柱式。彈腿用三尺長凳豎立，或用石墩在平地上學。

圓光手，四平手，腮肩手，高搭手，沉墜手。

釣腳行著

短打長拳，臥魚腳，踸一腳，鬼撮腳，伸一腳俱右，俱用鐵門拴，即搶壁翻身，雙腳打重。

不倒身站法

腳尖正背人，腿起如馬踢為樁腿，平踢為彈腿。習彈腿便捷，用凳以腳凳豎地上彈踢去，取平行不倒為度。習彈腿力，用磉石，以踢遠磉石為度。習踏腿虛腿，用糠懸樑上，踏腿高踢去復還，俱以腰力為主度。習踏腿實腿，用柱以樁腿踢柱上，盡力為度，鉤腿指拳腿彎向裏，習樁腿則有力。綿張拳護胸脅腰；溫拳護頭面頸。腳要打高，手亦取高，專用腳以手輔之，手不能當腳，腳起半邊，虛說不著，溫家高腳拄下，用腳接；低腳踢上，用腳斷。

長　拳

張拳設套，待彼入套；本家設套，待改調處，疾遲癡死四勝，左手如鑽錢，右手如弄琴。前腿如山，後腿如掌。前手如龍變化，後手如虎靠山。左右不離，前後方鉤。

盤腿

裏盤，外盤腿。

譜中長拳盤腿之間，尚有一節，係講槍棍扒諸法，與拳不涉，故刪去。

「勢」與「長拳行著」之間的一節，疑即唐氏所云之取法。「演法」與「釣腳行著」之間的一節，標目疑脫「手法」二字。

戚氏拳勢，與溫家拳色名完全相同者，只一四平勢。此外《拳經》中之七星拳，當即溫家拳之七星勢；雀地龍，當即地龍勢；一霎步，當即一撒步勢；跨虎勢，當即騎虎勢。戚氏探馬勢係高身法，當即溫家拳之高探馬勢。拳經共三十二勢，取法於溫家拳者凡五勢。

三、受戚氏拳經影響的近代拳法

今日社會間最盛行的太極拳，一般無聊的拳家，都跟著一位著《太極拳經》的王宗岳，盲目地附會為一夢而精技擊的張三手所發明，自稱為劍仙弟子的所謂太極拳家姜容樵也者，在其所著《太極拳講義》中，更把張三手揑造為一個臨窔復活，宣言觀我漢族恢復河山的怪物。我們似乎不能因為受其影響者只是愛好武藝者們的中間一小部分，而忽視了思想上的毒害，遂聽其妖言惑眾。

民國二十年春間，吾在上海認識了一位陳溝新架太極拳家陳子明先生。那時候的吾，因為看到太極拳風靡南北，而這類拳家的著述內容，幾乎無一不含有賊人思想的毒素，彼時恰巧得到一個短期間的清閒，便約同陳先生到他的家鄉去調查太極拳的衍變，和搜集當地關於此拳的史

料，總算不白跑，結果，把太極拳的源源本本找了出來。

陳溝太極拳世家陳槐三先生，有家譜一冊，於其九世祖陳王廷名諱旁註云：

「王庭——族譜及墓碑均作王廷——又名奏庭。明末武庠生，清初文庠生在山東，名手，掃蕩群匪千餘人，陳氏拳手刀槍創始之人也。天生豪傑，有戰大刀可考。」

右註：見家譜十二頁。又十六頁註：「至此以上，乾隆十九年譜序。以下道光二年接修。」據墓碑，王廷歿於康熙年間，墓碑立於康熙五十二年。——那麼，乾隆十九年譜所註，自是最可信的史料了。

又王廷遺有長短句一首，其前半云：

「歎當年，披堅執銳，掃蕩群氛，幾次顛險，蒙恩賜枉徒然。到而今，年老殘喘，只落得黃庭一卷隨身伴，悶來時造拳，忙來時耕田，教

下些弟子兒孫成龍成虎任方便。……」

這些詩句中所寫的事蹟，與乾隆十九年譜註，互相補充，則王廷的身世、思想、生活及其造拳的動機，都可以在以上的史料中窺得。不過譜註和詩，均未說明其所造者為太極拳；譜註中王廷創造的陳氏拳手，遺詩中王廷悶來時所造的拳，如何見得其即是太極拳呢！

家譜：三十六頁十四世長興旁，註「拳師」二字，同頁十五世耕雲旁，註「拳手」二字，陳長興、陳耕雲父子，凡練太極拳者，誰都知道他們是太極拳專家，就這個互證來看，足以證明家譜所注王廷創造的陳氏拳手，即為太極拳。

陳溝村至今還是一個封建的農業社會，所以村人的保守性特別的強，陳溝村人，至今只肯學習其祖先傳下來的十三勢——太極拳的一套——不肯學習外來的拳法，就這個證據而論，足以證明家譜所註王廷

創造的陳氏拳手和遺詩中王廷閎來時所造的拳，即為太極拳。

然所謂陳氏拳手也者，除指太極拳之外，尚有一套勢法出於同一系統的炮捶，也應該在內。太極拳有二套：一套叫作長拳，其勢法特別繁多，故王宗岳《太極拳經》中說：「長拳者，如長江大海，滔滔不絕也。」已失傳，譜尚存；一套叫作十三勢，十三勢又分作頭、二、三、四、五套，這五套的勢法，彼此大同小異，村人只習頭套，餘僅存譜。炮捶一套，因其剛而不柔，村人有學有不學者。這三套家數，剛柔雖異，系統則一，大概均為王廷所造。

余取長拳、十三勢、炮捶諸譜，玩索研究，又觀陳長興玄孫照旭演練其祖孫父子世世一系相傳的老架太極十三勢，發見太極拳的成分內，有一部分是取材於戚氏拳經，茲錄其譜，以供說明。

長拳譜

懶扎衣，立勢高強。丟下腿，出步單鞭。七星拳，手足相顧。探馬拳，太祖傳留。當頭炮，勢衝人怕。中單鞭，誰敢當先。跨虎勢，挪移發腳。拗步勢，手腳和便。獸頭勢，如牌挨進。拋架子，短當休延。孤身炮，下帶著翻花舞袖。拗鸞肘，上連著左右紅拳。玉女攢梭，倒騎龍，連珠炮，打的是猛將雄兵。猿猴看果誰敢偷。鐵樣將軍也難走。高四平乃封腳套子，小神拳使火焰鑽心。斬手炮，打一個順鸞藏肘，窩裏炮打，一個井欄直入。庇身拳。吊打指襠勢。臁揭膝，金雞獨立，朝陽起鼓，護心拳，專降快腿。拈肘勢，逼退英雄。喝一聲小擒休走，拿鷹捉兔硬開弓。下插勢，閃驚巧取。倒插勢，誰人敢攻。朝陽手，遍身防腿。一條鞭，打進不忙。懸腳勢，誘彼輕進。騎馬勢，衝來敢當。一霎步，往裏就蹉。抹眉紅，蓋世無雙。下海擒龍。上山伏虎。野馬分鬃。

張飛擂鼓。雁翅勢，穿莊一腿。劈來腳，入步連心。雀地龍按下，朝天鐙立起。雞子解胸。白鵝晾翅。黑虎攔路。胡僧托缽。燕子銜泥。二龍戲珠，賽過神槍。邱劉勢，左搬右掌。鬼蹴腳，捕前掃後轉上紅拳。霸王舉鼎。韓信埋伏。左山右山。前衝後衝。觀音獻掌。童子拜佛。翻身過海。回回指路。敬德跳澗。單鞭救主。青龍獻爪。餓馬提鈴。六封四閉。金剛搗碓。下四平，秦王拔劍。存孝打虎。鍾馗服劍。佛頂珠。反堂莊。望門簪。演手紅拳。下壓手，上一步封閉捉拿。往後一收，推山二掌。羅漢降龍，右轉身紅拳。右跨馬右搭袖，左搭袖，回頭摟膝拗步。扎一步，轉身三請客。掩手紅拳，單鳳朝陽，回頭高四平。金雞曬膀，托天叉，左搭肩，右搭肩，天王降妖。上一步，鐵幡杆。下一步，子胥拖鞭。上一步，蒼龍擺尾。雙怕手，仙摘乳，回頭一炮。拗鸞肘。跺子二紅。仙人捧盒。夜叉探海。劉海捕蟾。玉女捧金盒。丟手，收

手，刺掌，搬手，推手。直符送書，回頭閃通背。打一窩裏炮，演手紅拳。回頭左右插腳，五子轉還，鬢邊斜插兩枝花，收回去雙龍探馬，窩裏一炮誰敢當。上一步邀手不叉，摟手一拳，推倒收回，交手可誇。招上顧下最無住，偷腳一腿跐殺。急三錘，打如風快。急回頭，智遠看瓜。往前收，獅子抱球。展手一腳踢殺，回頭二換也不差。直攢兩拳，轉身護膝勢。當場接定，收回看肘並看花。誰敢當我大捉，立下上一步，蛟龍出水。後一打，反上情莊。急三錘，往前掤打。開弓射虎推不怕，收回來馬前斬草。上一挑又代紅少，刺回接定滿天星，誰與我比並高下。

「此是長拳，熟習者得之耳。」

十三勢

頭套

金剛搗碓，懶扎衣，單鞭，金剛搗碓，白鵝晾翅，摟膝拗步，斜行

拗步，演手紅捶，金剛搗碓，披身捶，青龍出水，肘底看拳，倒捻紅，白鵝晾翅，摟膝拗步，閃通背，演手紅捶，懶扎衣，單鞭，雲手，高探馬，右左插腳，左蹬一腳，青龍戲水，踢二起，懷中抱月，左蹬一根，右踢一腳，演手紅捶，小擒拿，抱頭推山，單鞭，前招後招，野馬分鬃，玉女穿梭，懶扎衣，單鞭，雲手，擺腳跌岔，金雞獨立，倒捻紅，白鵝晾翅，摟膝拗步，閃通背，懶扎衣，單鞭，雲手，高探馬，十字腳，指襠捶，黃龍絞水，單鞭，雀地龍，上步七星，下步跨虎，轉身擺腳，當頭炮。

二套

懶扎衣，單鞭，護心拳，前堂拗步，操手單鞭，拗步，斜行拗步，倒捻紅，拗步，通背，炮拳，單鞭，插腳，莊腳，炮拳，單鞭，二起根子，演手紅拳，左插腳，披身指襠，七星，五子轉還，左右拗步，攬手

摻步，單鞭，左插腳，倒捻紅拗步。

三套——此名大四套錘

懶扎衣立世高強，拉下單鞭鬼也忙。出門先使翻身炮，望門簪去逞英豪。反堂莊，後帶著掩手紅拳。騎馬勢，下連著窩弓射虎。左拗步，十面埋伏。右拗步，誰敢爭鋒。庇身拳，勢如壓卵。指襠勢，高挑低挪。金雞獨立且留情，護心拳八面玲瓏。六封四閉勢難容，轉身劈打縱橫。上一步二換跟打，倒回來左右七星，翻花炮，打一個孤雁出群。下插勢，誰敢來攻。翻花舞袖如長虹，分門莊去喪殘生。轉身一錘打倒，兩腳穿莊難停。舞袖一推往前攻，回頭當陽炮沖。

四套——此名紅拳

太祖立勢高強，丟下斜行鬼也忙。上十堂打金雞獨立，刀對校死在當場。懶扎衣往裏就採，護心拳蓋世無雙。喝一聲小擒休走，一條鞭打

進不忙。滾替腳眼前遮過，抓面腳死在胸膛。上三路，打黃鷹拿膝。下三路，抓神沙使在臉上。即便抬腿，轉隨腰還，二龍戲珠，賽過神槍。跟子就起，忙把頭藏。雀地龍按下急三錘，打進著忙。上一步，打蛟龍出水。下一步，打正應情莊。騎馬勢，轉步吊打。虎抱頭，去時難防。要知此拳出何處，名為太祖下南唐。

五套

懶扎衣，單鞭，護心拳，前堂拗步，回頭披身，指襠，七星大掉炮，當頭炮，抽身打一炮，雁窩，拗攔肘，大紅拳，左山右山，前衝後衝，掩手紅拳，拗步單插腳，擺腳一堂蛇，金雞獨立，朝天鐙，倒捻紅，拗步，通背，雲手，高探馬，十字腳，猿猴看果，單鞭，七星，跨虎，當頭炮。

炮錘架子

懶扎衣，單鞭，護心拳，前堂拗步，回頭披身，指襠，斬手炮，翻花舞袖，演手紅拳，拗攔肘，大紅拳，玉女攢梭，倒騎龍，連珠炮，演手紅拳，上步左右鼓邊炮，獸頭勢，抛架子，演手紅拳，伏虎勢，回頭抹眉紅拳，上步黃龍左右三攪水，前衝後衝，演手紅拳，上步轉脛炮，演手紅拳，全炮錘，演手紅拳，上步倒插二朵紅，抹眉紅拳，上步當頭炮，變勢大掉炮，斬手炮，順攔肘，窩裏炮，井攔直入。

十五拳，十五炮，走拳用心。

考陳溝長拳、十三勢、炮捶歌譜，其中色名與戚氏拳經相同者，計有：懶扎衣，單鞭，金雞獨立，探馬勢，七星勢，倒騎龍，連珠炮，懸腳二換，滿天星，邱劉勢，下插勢，埋伏勢，抛架子，拈肘勢，擒拿勢——陳譜名小擒拿，簡稱小擒。余觀照旭演練，與拳經擒拿勢繪圖相

同，故知其為一。——四平勢，伏虎勢，雀地龍，朝陽手，雁翅勢，穿莊腿，跨虎勢，拗鸞肘，順鸞肘——陳譜鸞亦作攔，音同字異而已。——硬開弓，當頭炮等勢。

余又取陳溝現存之十三勢頭套及炮捶各勢與拳經圖勢對比，凡色名相同的其練法亦無不相同。且長拳歌訣，採用戚氏拳經中語句者，如：七星拳手足相顧，跨虎勢挪移發腳，朝陽手遍身防腿，邱劉勢左搬右掌，拿鷹捉兔硬開弓等，皆可證太極拳、炮捶的創造，實受拳經相當的影響。

明代自嘉靖以後，內憂外患，相迫而來，所以講武之風，盛極一時。戚氏武功，彪炳於世，他的練兵實效諸法，影響於當時究心兵政者深而且巨。王廷生當明清之會，其身世我人今雖不能詳，然讀其遺詩，體其環境，則明代為戰將，國亡後隱居，思想上受道家薰染，採取當時

各家及戚氏拳法，參以己意，創為拳套，作子孫磨礱之具，這是極明顯的一件事。

今人如欲研究數百年前古拳法的內容，十三勢和炮捶，是很好的材料，但須識得勢法之特性，揚棄套數的花假，方是正途。

四、戚氏之所以編拳經

戚氏當時，古今名家拳法，既如是其盛，他何以要另自編三十二勢拳經呢？他為的這些拳法，犯著下列各種缺點：

「雖各有所取，然有上而無下，有下而無上，就可取勝於人，此不過偏於一隅。若以各家拳法，兼而習之，正如常山蛇陣法，擊首則尾應，擊尾則首應，擊其身而首尾相應，此謂上下周全，無有不勝。」

因此，他擇其拳之善者三十二勢，勢勢相承，遇敵制勝，變化無窮

者編為拳經，繪之以勢，註之以訣，以啟後學。

五、重立勢斥花法的拳經

中國武藝，無論徒手器械，首重立勢，驗諸古人著述，什九皆是如此，斯為我國武術的特性，苟不明此，則不足以言研究。

唐荊川論勢頗精，今錄其《武編》所載於下。

「拳有勢者，所以為變化也。橫邪側面，起立走伏，皆有牆戶可以守，可以攻，故謂之勢。拳有定勢，而用時則無定勢。然當其用也，變無定勢，而實不失勢，故謂之把勢。作勢之時，有虛有實，所謂驚法者虛，所謂取法者實也。似驚而實取，似取而實驚，虛實之用，妙存乎人，故拳家不可執泥裏外圈、長短打之說，要須完備透曉，乃為作手。」

戚氏生平最恨花假，即以《練兵實紀》卷四練手足的一節來證明。

「凡武藝務照示習實敵本事真可搏打者，不許仍學花法。」

兵家之佈陣，即拳藝中之立勢，花法套數，動作徒重觀飾，謂為武舞則可，謂為武技則不可。今之拳家，猶未知此等真詮，居然亦著書立說，此之所謂災棗梨矣！

六、戚氏的學拳標準與其實驗主義

《拳經．捷要篇》裏說的學拳標準：

「學拳，要身法活便，手法便利，腳法輕固，進退得宜，腿可飛騰。而其妙也，顛起到插。而其猛也，披劈橫拳。而其快也，活捉朝天。而其柔也，知當斜閃。」

又說：

「俗云：拳打不知，是迅雷不及掩耳，所謂不招不架，只是一下；犯了招架，就是十下。博記廣學，多算而勝。」

他的實驗主義，是最為江湖教師們所吃嚇，而指示出了一條學武必由的上達之路。他說：

「既得藝，必試敵，切勿以勝負為愧為奇，當思何以勝之，何以敗之，勉而久試，怯敵還是藝淺，善戰必定藝精，古云：藝高人膽大，信不誣矣。」

今之江湖教師，上一等的，以詭奇來著書立說；下一等的，以花假來玩愒歲月，故皆恐人試，此正是此輩淺怯處。今人反謂為秘惜其技，於是江湖教師們，見人之易欺而不務於實，遂得自高身價，詭奇之說，花假之套，乃遍於國中。

欲救其弊，惟有服膺南塘遺教，宏獎公開比賽，使此輩無所遁形於

競技場中，其不敢臨場者，即是藝淺膽怯之證，如此，則花假漸可絕跡，真藝方得發揚。

七、戚氏拳經的現代評價

開大陣，對大敵，是一種武藝。上遊場——今之競技場，古稱遊場——試高下，又是一種武藝。戚氏在《紀效新書·或問篇》裏說過：「平時官府面前，所用花槍、花刀、花棍、花叉之法，可以用於敵否？子所教亦有是歟？光曰：『開大陣，對大敵，比場中較藝、擒捕小賊不同。堂堂之陣，千百人列隊而前，勇者不得先，怯者不得後，叢槍戳來，叢槍戳去；亂刀砍來，亂殺還他，只是一齊擁進，轉手皆難，焉能容得左右動跳，一人回頭，大眾同疑；一人轉移寸步，大眾亦要奪心，焉能容得或進或退。』」

左右動跳，或進或退，不是開大陣、對大敵之技。遊場試藝，兩兩相對之間，方得施展此等身手的所在。然其間亦自有別，花假之法，雖亦左右動跳，或進或退，余謂擒捕小賊，或堪一用，場中較藝，須如戚唐二家，知訣勢之竅要，平日實驗有得，方向側身其間。至若戰場對敵，不惟不能容得左右動跳，或進或退，並立勢亦不能容得。

作戰不離乎器械，必至器械紛失，始赤手肉搏，以爭生命於呼吸，此種情形，萬千中難遇一二，然舉拳即揮，豈暇立勢周旋。勢之多，勢之用，為中國拳法所特有，所以戚氏說：「此藝無甚預於兵」，又說拳法是一種「似無預於大戰之技」。

西洋拳鬥，不甚講勢，學藝者日必試藝，亦不以勝負為愧為奇，使戚氏生乎今世而及見此藝，必將引之為理想中的拳法，此戚氏的實驗主義，足證吾言之非虛。

歐戰中，爭奪凡爾登要塞，拳鬥曾經發揮過一個奇蹟，日人川島所著的《西洋拳鬥》一書，載有這件事實：

「凡爾登要塞戰之際，德軍中有一兵卒名華爾脫者，於敵兵衝入陣線白刃相接的時候，應用了平素練習的拳鬥，在瞬間用赤手空拳，擊倒敵兵二十四名，卒賴其挽回頹勢，獲得最後的勝利。」

歐美的士卒訓練，拳鬥也是其中的一種。西洋拳鬥的學重對試，搏重要害，在中國拳法中，惟戚氏的實驗主義，與三百年前搏人必以其穴的內家拳，具有同樣的價值。

西洋拳鬥的缺失，其病在有上而無下。四年前，余創立護具數種，蔽腿、腹、陰囊等處，使人登場試藝，然勝負之數，仍在上而不在下，蓋下部一經障蔽，雖用腿而不能創敵，若不用護具，則肚腹、陰囊，皆為致命之處，將因比賽而日見傷殘，以是恍然悟西人非不知有腿。

今思得一法，競技則限於上而不必有下，平時學技，或蔽護具，或制人體形之踣，擇拳中有用腿法，習踢要害，或雙人對演，或單人獨習，如是則至實際應用的時候，上下皆有，既可彌比賽之缺，亦可存南塘不偏一隅之法。

八、結　論

使戚氏而生乎今日，絕不將那些不合時宜花法虛套的武藝，尊為救國的良圖。使戚氏而生為今日中國之大將，絕不將十九路軍抗日的大刀，滿足地以為曾經殺勝過敵人而自豪。

以上所云，凡看過戚氏《紀效新書》、《練兵實記》兩書的，當知吾言之不謬。茲引其言，以證吾說：

《紀效新書》自序：

「夫曰紀效，明非口耳空言，曰新書，所以明其出於法，而不泥於法，合時措之宜也。」

《練兵實紀》軍器解：

「五兵之制固多種，古今所用不同，在於因敵變置。」

識古今因變之宜，明崇實斥虛之道，這是戚繼光之所以為戚繼光。生於三百年後的今人，識不足以知因變，明不足以察實虛，糜人民的脂膏，設廣大的館舍，集江湖遊食之徒，演古所吐棄之物，曰：是救亡之良圖也！是救亡之良圖也！不知此真將亡的現象，吾復何言！

怎樣毫不誇張地來把這類武藝，下一個新評價，擇其足以補助近代軍訓者，來切實推行，目前的環境，似乎還談不到。

人殺人、人打人的器技，是一直要到全世界的帝國主義者崩潰了以後，才會消滅。此文之作：

一不是企圖讀者去重溫復古之舊夢；

二不是企圖讀者去效法阿比西尼亞的國民，於強敵壓境，新式武器缺乏的時候，準備拿了原始武器來抵擋近代的飛機炸彈，和毒瓦斯的屠殺；

三不是企圖讀者單只去效法凡爾登那位沒有碰到比二十四個更多的敵人幸而致勝的德國赤手英雄。

此文些微的用意，至多除了考研這一部門學藝的現代價值而外，在讀者之前，指出實驗主義的力量，足以粉碎一切虛假，豈但拳藝這一端；同時，戚繼光的因變論，雖為軍器而發，但不能不說是戚氏理解了時代進展的意義，而作為他實踐一切的本據，這也是需要為拳家指明的。

一九三五年九月九日

本文付印以後，覺得尚有些要說的話。

吳志青《六路短拳》自序中，有一節提到西人對於中國武藝的批判：

「西人每視我國武術，為一種花法——即一種裝飾動作——之運動謂講體育，則不按生理之次序；講實用，則為一種配合而成之假式擊打術，非若歐美之武術，均係對擊，而無單練，其攻擊防禦之法，至為周密巧妙云。」

美國人麥克樂曾經說過以上這些話，所以吾疑心吳志青所指的西人，就是麥克樂。

麥克樂在中國的時期中，社會間流行的所謂武藝也者，觸目多為三百年前戚繼光所說的戲局套數。麥克樂是一位具有豐富經驗的體育專家，他在中國指導體育的時期很為久長；他所見的花假玩藝兒，正與戚氏在《紀效新書．或問篇》裏所說的：「今之閱者，看武藝，但要周旋

左右，滿片花草」那種情形，一模一樣。戚氏當時，已有：「此是花法勝，而對手工夫漸迷，武藝之病也」的指示，這與三百年後的麥克樂，可謂所見略同。

不過，中國的古代武藝，也是重對擊的，這卻為麥克樂所未知。

吳修齡《手臂錄・石敬岩槍法記》：

「石師之教，先練戳，戳不許多，四伐五伐，則喘息汗下；止而少憩，又四伐五伐，以力竭為度。戳不竭，則手臂油滑，初址不固，臨敵無以殺人矣。以漸加之，必日五百戳，幾百日而後，戳址固焉。戳之後，乃教以革。革者，堊其後踵，不得移動，移動則手不熟，乃使善戳者如矢如電以戳焉。革稍不合法，則杆必及身，顛仆於地。杆以葦絮封其端，而又厚縛紙竹於前脅。」

這是中國武藝注重對擊的例證。中國武藝不但注重對擊，而且在三

百年前早已使用護具了。

戚氏《紀效新書・或問篇》：

「俞公棍所以單人打不得，對不知音人打不得者，正是無虛花法也。」

《紀效新書》中，所列的俞大猷劍經——即棍法——只有對擊圖勢；同時說其棍單人打不得，這是中國武藝注重對擊的又一例證。

《或問篇》裏又說：

「長槍單人用之，如圈串是學手法，進退是學步法、身法。除此復有所謂單舞者，皆是花法，不可學也。須兩槍對較，一照批迎切磋，搠擠著拿，大小門圈穿，按一字對戳一槍，每一字經過萬遍不失，字字對得過，乃為成藝，後方可隨意應敵，因敵制勝也。」

戚氏教士卒學長槍，除學手法的圈串，學步法、身法的進退，可以

單練外，須兩槍對較，不學單舞，這也是中國武藝注重對擊的一證。器技如此，戚氏教人學拳也是如此，他在《拳經・捷要篇》裏說過這樣的一段話；

「既得藝，必試敵，切勿以勝負為愧為奇。」

戚氏注重的對手工夫，雖其方法，或許不如現代歐美日本的武術競技那樣，有嚴密的規則，有完善的護具。然而中國武藝的注重對擊，在原則上是與歐美日本無異致的。

不過，彼此不同之點，中國武藝，除對手工夫以外，特別注重的是勢——行著——之一途而已。

麥克樂就他所見到的花法套數，下那樣一個極正確的批判，當然要為一般依靠這類玩藝兒來安身立命的拳師們所不服，反指其批判為：

「彼從表面上觀察，遂有輕視之心，實則此種眼光，蓋未深悉我國

武術之內容者也。夫我國武術之練習程序，由簡而繁，由單而雙，由淺而深，西人之所言，乃其簡者，單者，淺者也。」

說麥克樂未悉中國實用武藝的內容則可，對武舞之類的花法套數，正與中國名將戚繼光的卓見相同，而為一般庸俗所不及。花法套數中之繁者、雙者、深者，何嘗不是講體育，則不按生理之次序；講實用，則為一種配合而成之假式擊打術呢！

靠此安身立命的拳師們，苟其不是護短，便是不知中國實用武藝的內容是怎樣的。

一九三五年十二月九日

拳經

戚繼光

一、捷要篇

此藝不甚預於兵，能有餘力，則亦武門所當習。但，眾之不能強者，亦聽其所便耳。

拳法似無預於大戰之技，然活動手足，慣勤肢體，此為初學入藝之門也，故存於後，以備一家。學拳要身法活便，手法便利，腳法輕固，進退得宜，腿可飛騰。而其妙也，顛起倒插。而其猛也，披劈橫拳。而其快也，活捉朝天。而其柔也，知當斜閃。故擇其拳之善者三十二勢，

勢勢相承，遇敵制勝，變化無窮，微妙莫測，窈焉冥焉，人不得而窺者謂之神。俗云：「拳打不知」，是迅雷不及掩耳。所謂不招不架，只是一下；犯了招架，就有十下。博記廣學，多算而勝。古今拳家：宋太祖有三十二勢長拳，又有六步拳、猴拳、囮拳。名勢各有所稱，而實大同小異。至今之溫家七十二行拳，三十六合鎖，二十四棄探馬，八閃番，十二短，此亦善之善者也。呂紅八下雖剛，未及綿張短打。山東李半天之腿，鷹爪王之拿，千跌張之跌，張伯敬之打與巴子拳，皆今之有名者。雖各有所取，然傳有上而無下，有下而無上，就可取勝於人，此不過偏於一隅，若以各家拳法，兼而習之，正如常山蛇陣法，擊首則尾應，擊尾則首應，擊其身而首尾相應，此謂上下周全，無有不勝。

大抵拳、棍、刀、槍、叉、鈀、劍、戟、弓矢、鉤鐮、挨牌之類，莫不先有拳法，活動身手，其拳也為武藝之源。今繪之以勢，註之以

訣，勢以啟後學。既得藝，必試敵，切不可以勝負為愧為奇，當思何以勝之，何以敗之，勉而久試，怯敵還是藝淺，善戰必定藝精。古云：「藝高人膽大」，信不誣矣。

余在舟山公署，得參戎劉草堂打拳，所謂犯了招架，便是十下之謂也。此最妙，即棍中之連打。

二、圖　勢

懶扎衣出門架子，
變下勢霎步單鞭。
對敵若無膽向先，
空自眼明手便。

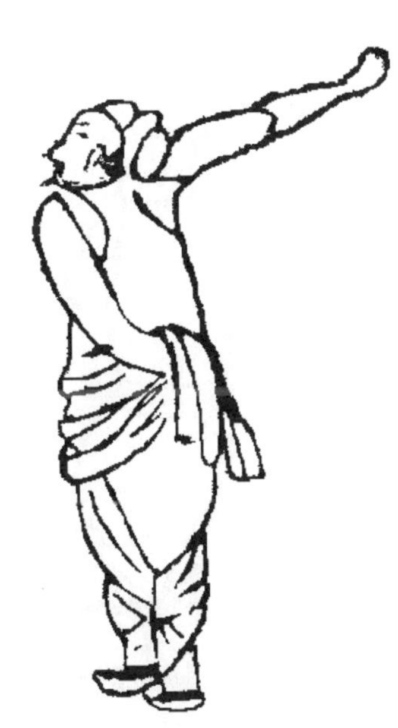

金雞獨立顛起，
裝腿橫拳相兼。
搶背臥牛雙倒，
遭著叫苦連天。

探馬傳自太祖，
諸勢可降可變。
進攻退閃弱生強，
接短拳之至善。

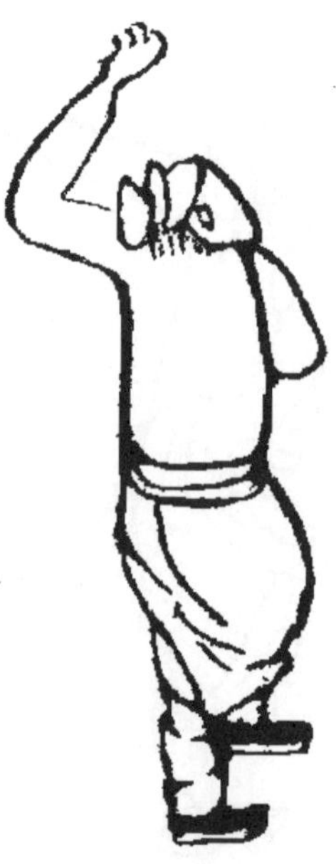

拗單鞭黃花緊進，
披挑腿左右難防。
搶步上拳連劈揭，
沉香勢推倒太山。

七星拳手足相顧，
挨步逼上下堤籠。
饒君手快腳如風，
我自有攪衝劈重。

倒騎龍詐輸佯走，
誘追入遂我回衝。
恁伊力猛硬來攻，
怎當我連珠炮動。

懸腳虛餌彼輕進，
二換腿決不饒輕。
趕上一掌滿天星，
誰敢再來比並。

邱劉勢左搬右掌，
劈來腳入步連心。
挪更拳法探馬均，
打人一著命盡。

下插勢專降快腿，
得進步攬靠無別。
鉤腳鎖臂不容離，
上驚下取一跌。

埋伏勢窩弓待虎，
犯圈套寸步難移。
就機連發幾腿，
他受打必定昏危。

抛架子搶步披掛，
補上腿哪怕他識。
右橫左採快如飛，
架一掌不知天地。

拈肘勢防他弄腿，
我截短須忽高低。
劈打推壓要皆依，
切勿手腳忙急。

一霎步隨機應變，
左右腿衝敵連珠。
恁伊勢固手風雷，
怎當我閃驚巧取。

擒拿勢封腳套子，
左右壓一如四平。
直來拳逢我投活，
恁快腿不得通融。

中四平勢實推固，
硬攻進快腿難來。
雙手逼他單手，
短打以熟為乖。

伏虎勢側身弄腿，
但來湊我前撐。
看帖立站不穩，
後掃一跌分明。

雀地龍下盤腿法，
前揭起後進紅拳。
他退我雖顛補，
衝來短當休延。

朝陽手偏身防腿，
無縫鎖逼退豪英。
倒陣勢彈他一腳，
好教他師也喪身。

雁翅側身挨退，
快腿走不留停。
追上穿莊一腿，
要加剪劈推紅。

跨虎勢那移發腳，
要腿去不使他知。
左右跟掃一連施，
失手剪刀分易。

拗鸞肘出步顛剁，
搬下掌摘打其心。
拿鷹捉兔硬開弓，
手腳必須相應。

當頭炮勢衝人怕，
進步虎直攛兩拳。
他退閃我又顛踹，
不跌倒他也忙然。

順鸞肘靠身搬打，
滾快他難遮攔。
復外絞刷回拴肚，
搭一跌誰敢爭前。

旗鼓勢左右壓進，
近他手橫劈雙行。
絞靠跌人人識得，
虎抱頭要躲無門。

右戚氏《拳經》，係據錢唐許乃釗《紀效新書》重刻本。其凡例有云：「是書有明兵部尚書周公世刻本，已不可得見矣！嗣後有照曠閣張氏，來鹿堂張氏諸刻，沿訛過久，至有難以句讀者。惟來鹿堂本間有考證，今仍附於書眉，倘藏書家得明時原本校正之，則有功於是書者大矣。」讀此，知許本是取照曠閣、來鹿堂諸本校訂重刻的。

吾所見的文瀾閣四庫全書本，與許本間有差異。如：「武門所當

習」之「當」字，四庫本作「營」。「眾之不能強者」之「之」字，四庫本作「是」。「披劈橫拳」之「劈」字，四庫本作「臂」。「窈焉冥焉」之「窈」字，四庫本作「窮」。「囮拳」之「囮」字，四庫本作「囤」。「十二短」之「短」字，四庫本作「知」。「皆今之有名者」之「皆」字，四庫本作「古」。「然傳有上而無下」之「無」字，四庫本作「其」。「若以各家拳法兼而習之」之「拳」字，四庫本作「養」。

又第四圖訣：「搶步上拳連劈揭」，四庫本「連」作「運」。「連」字可以表示出搶步上拳與劈揭是一連幾下的運用，而「運」字則不夠表示出這些連貫的打法。第十九圖訣：「雁翅側身挨退」，四庫本「退」作「進」。退是閃，進是攻，這兩字的相差太遠了。第十二圖訣：「我截短須忽高低」，四庫本「忽」作「認」。此是言截短之法，

照許本的訣，主截客的短打，須用忽高忽低之法，照四庫本的訣，主截客的短打，須認明其高低，而為應截之法。以上不同之處，都非得明本而後，不能知其孰為沿訛。至如第十八圖訣：「好教他師也喪身」，四庫本作「好教師也喪精魂」，那是無甚出入的。

本書校讎的時候，獲見日人平山潛寬政十年——一七九八刻本。其序云：「此書有二本，一者萬曆十二年所刊也，一者萬曆二十三年所刊也。今取二書校之，前者支離龐雜，殆不統一；後者條理貫通，反有要歸，始信其後出者，則戚將軍晚年之刪定，而前出者，則草創未定之書矣，因取後出者也。」書中有萬曆二十三年周世選重刻《紀效新書》序。序中有云：「是書余推常時所獲，蓋善本也。」那麼，平山本即許氏所指明兵部尚書周世選本重刻的了。

平山本足以校正許本者如下：許本「然傳有上而無下」，平山本作

「所傳者有上而無下」。許本「莫不先有拳法」，平山本作「莫不先由拳法」。許本「即棍中之連打」下，平山本多「連戳一法」四字。許本「我截短須忽高低」，平山本作「我截短須認高低」。許本「好教他師也喪身」，平山本作「好教師也喪聲名」。許本「雁翅側身挨退」，平山本作「雁翅側身挨進」。

但平山本亦略有訛字，如第十七圖訣：「衝來短當休延」之「延」字，訛為「廷」字。第二十一圖訣：「拿鷹捉兔硬開弓」之「鷹」字，訛為「陰」字。吾所見的照曠閣本，已為訂正。

民國二十四年十　月一日印刷
民國二十四年十二月一日發行
（定價三角）

戚繼光拳經

編著者　唐　家
發行者　中國武術學會
代售處　本外埠各書局

總發行所　中國武術學會
上海薩坡賽路一九〇號
電話八〇六四〇

歡迎至本公司購買書籍

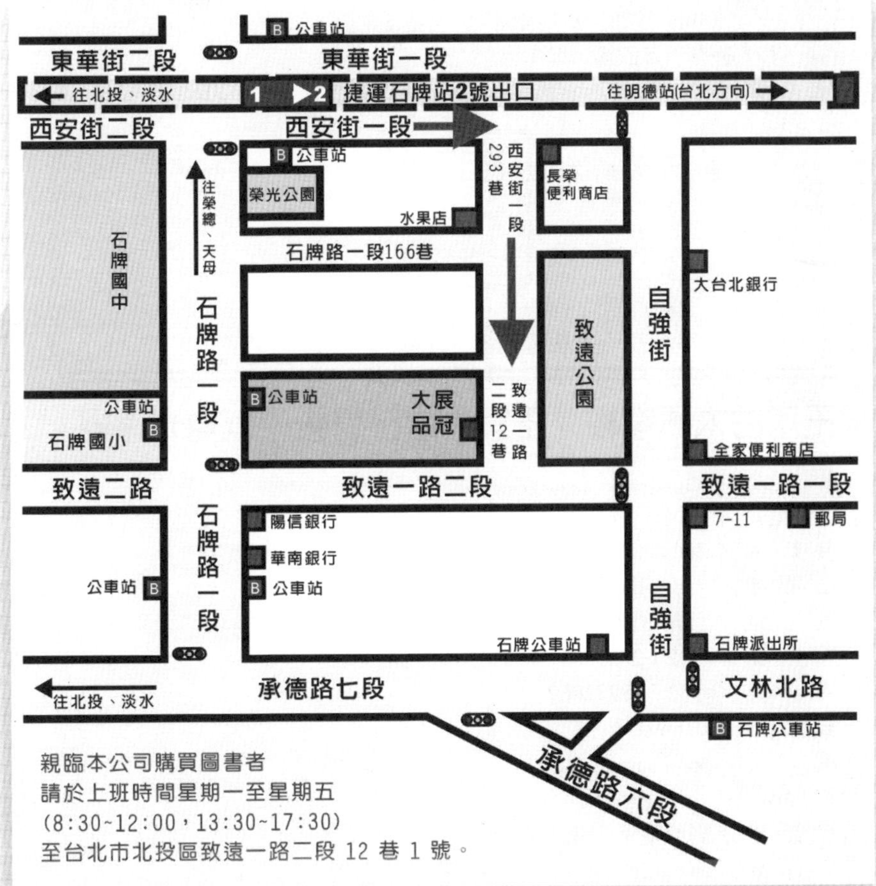

建議路線

1.搭乘捷運・公車

淡水線石牌站下車，由石牌捷運站2號出口出站(出站後靠右邊)，沿著捷運高架往台北方向走(往明德站方向)，其街名為西安街，約走100公尺(勿超過紅綠燈)，由西安街一段293巷進來(巷口有一公車站牌，站名為自強街口)，本公司位於致遠公園對面。搭公車者請於石牌站(石牌派出所)下車，走進自強街，遇致遠路口左轉，右手邊第一條巷子即為本社位置。

2.自行開車或騎車

由承德路接石牌路，看到陽信銀行右轉，此條即為致遠一路二段，在遇到自強街(紅綠燈)前的巷子(致遠公園)左轉，即可看到本公司招牌。

國家圖書館出版品預行編目資料

王宗岳太極拳經　王宗岳陰符槍譜　戚繼光拳經／唐豪　著
——初版，——臺北市，大展，2014〔民103.01〕
面；21公分 ——（唐豪文叢；2）
ISBN　978-957-468-996-5（平裝）
1.太極拳　2.武術　3.中國
528.972　　102023089

王宗岳太極拳經　王宗岳陰符槍譜　戚繼光拳經

著　　者／唐　豪
責任編輯／王躍平
發 行 人／蔡森明
出 版 者／大展出版社有限公司
社　　址／台北市北投區（石牌）致遠一路2段12巷1號
電　　話／（02）28236031・28236033・28233123
傳　　眞／（02）28272069
郵政劃撥／01669551
網　　址／www.dah-jaan.com.tw
E-mail／service@dah-jaan.com.tw
登 記 證／局版臺業字第2171號
承 印 者／傳興印刷有限公司
裝　　訂／承安裝訂有限公司
排 版 者／弘益電腦排版有限公司
授 權 者／山西科學技術出版社
初版1刷／2014年（民103年）1月

定價／200元

大展好書　好書大展

品嘗好書　冠群可期